希伯来圣经教科书

■ 张庆熊 杨熙楠｜主编

希伯来圣经导论

Introduction
to the
Hebrew Bible

■ 游斌｜著

上海三联书店

| 希伯来圣经教科书 |

主编

张庆熊　　复旦大学哲学学院教授
杨熙楠　　香港汉语基督教文化研究所总监

学术编辑委员会

林子淳　　香港汉语基督教文化研究所研究员
游　斌　　中央民族大学哲学及宗教学学院教授
梁　慧　　浙江大学人文学院副教授

学术顾问

"希伯来圣经教科书"系列　总序

　　世界各大文明都有自己的经典,对这些经典进行研究和诠释的学问称为"经学"。"经学"儒家有之,犹太教和基督教也有之。犹太教和基督教的经学就是"圣经学"。《诗经》、《尚书》、《周礼》、《易经》、《春秋》是中国儒家的"五经",它们构成中华文明的源头。《希伯来圣经》是犹太教的经典,可分为"律法书"、"先知书"和"圣卷"等三大部分,后来,脱胎于犹太教的基督教形成了以耶稣"福音书"和"使徒书信"为主要内容的新的经典,称为《新约》,于是《希伯来圣经》在基督教那里就被称为《旧约》。按照犹太—基督教的信仰,这些经文因源于上帝的启示而具有神圣的权威——"圣经"的说法由此而来。

　　《希伯来圣经》的历史源远流长。它汇聚了古埃及、近东两河流域的灿烂文明成果,结合犹太人自己在漫长的迁移、奋斗和流亡的历史中形成的宗教信仰和生存经验,先经由口传的叙事,然后在巴比伦流亡时期(公元前597—537年)开始被编撰起来,并在随后的过程中得到多次修订和补充,最终形成我们今天所看到的犹太教正典。随着基督教在世界各地的传播,《希伯来圣经》不再只是犹太民族的圣经,而且成为基督教化的欧亚(如俄罗斯)各民族人民所使用的圣经之一部分,乃至成为当今世界影响力最大、最重要、最基本的经典之一。

在古代，"经学"堪称一切学问之首；经学为其他的学识定下了准则，提供了依据。在当今，如果我们想要把握任何古老文明最持之以恒的内核，仍然不得不研究它们各自的经典。可以说，世界各大文明的经典，绘制了各大文明的范式，形成了各大文明的轴心。文化的更新，政治制度的演变，往往诉诸对经典的重新解释。传统文化藉着对经典的阅读和诠释而延续，历史上屡屡出现的托古改制印证了经学的重要性。

研究经学并非易事，要对古代历史、文化人类学、宗教和哲学有全方位的了解。此外，古典语言也是一道难过的门槛。不懂古汉语，就读不通中国儒家的经典；不懂希伯来文，也难以深入研究《希伯来圣经》。可喜的是，中国改革开放以来，已经通过多种渠道培养出学有专精兼熟悉希伯来文和其他古代语文的圣经学者，其中就包括编写这套希伯来圣经学系列教材的作者。

近年来，中国大学重视通识教育，并有越来越多的重点高校开设宗教学方面的课程。不论是通识教育还是宗教学课程，都离不开研习文化经典。复旦大学、北京大学等高校开设圣经方面的课程已有多年。复旦大学的王新生教授、刘平副教授已经为此编写和翻译过一些研究圣经方面的著作。北京大学赵敦华教授于2011年出版的《圣经历史哲学》，以新的视角对圣经所涉及的方方面面问题做了系统阐释和有创意的哲学分析。这套汉语"希伯来圣经教科书"系列是专为高校通识科圣经导论的课程设置而编写的。该丛书的五位作者游斌（中央民族大学）、黄薇（上海大学）、孟振华（南京大学）、梁慧（浙江大学）、姜宗强（西北师范大学），除熟悉中外相关研究领域的最新成果外，更结合其所任教大学的教学经验，同时针对国内大学开设通识教育课或宗教学院系开设基督教课程的教材编撰政策完成这套教材。

《希伯来圣经》之所以成为首推的通识教育和宗教学研究之经典，不仅仅是这部经典体现了犹太教和基督宗教作为启示型宗教的基本特质，更重要的是对于我们今人理解整个西方思想的大传统，进而认知西方的政治、历史、社会、文化、艺术，乃至日常生活方式和价值观念，有着十分重要的意义，对于理解中西文明的差异和交融的历史也非常重要。依据《希伯来圣经》的形成历史和承载内容，我们把这套教材分为五册，分别约请国内受过希伯来文等专业训练且有教学经验的年轻一代学者撰稿。这五部教材分别为：《希伯来圣经导论》、《五经导论》、《历史书导论》、《先知书导论》、《诗歌智慧书导论》。这五部作品各自独立成篇，相互关联，互为补充，较为完整地构成了希伯来圣经学研修的系列教材。

我们编撰这套"希伯来圣经教科书"系列的特式：一、勾勒这部经典的写作背景、文本结构。二、精解这部经典文本的重要思想内核，阐述各卷书所包蕴的神学涵义与人文意义。三、介绍这部经典解读的不同进路，概述国外圣经研究的最新成果和评经方法。四、在深入解析文本的基础上，尝试跨文化的、汉语式的圣经解读。五、每部教材各章节后均附有思考题和进阶文献，供学生研习，以及读者参考。

最后，本系列的出版正说明二十年来由汉语基督教文化研究所倡导的"汉语神学"，其发展路线由文史哲等传统人文学科作起始，及至后来再延伸至圣经研究等领域，有关学科的扩展不是来自外部影响，反之却是中国学人在研究基督宗教时发现确实绕不开圣经研究，遂生发本系列一代年青学人投入相关学习和研究，其因由和结果诚如我们所言：可以丰富中国学术。

张庆熊　杨熙楠　谨识
2014 年 5 月

目录 Contents

序论
《希伯来圣经》书名及其流变

  希伯来文化是亚伯拉罕系的三大宗教(犹太教、基督教与伊斯兰教)共同的精神渊源,这使得如何称呼它的经典——《希伯来圣经》亦成为一个复杂的问题。首先,它的内容散见于伊斯兰教《古兰经》中,并无独立称呼。而在基督教传统中,则被称为《旧约》,与围绕耶稣基督而写成的经典——《新约》相对。但是,按犹太教的传统,它被理解为自足的神启正典。作为一个整体,它被称为"妥拉书"(תורה,Torah),乃源自"神的律法书"(תורה יהוה,YHWH's torah)之音译,其意为"耶和华的教导、诫令"。今天,犹太教更愿意用"塔那赫"(תנ"ך,Tanakh)来称呼其正典,它由希伯来圣经的三个组成部分:律法书(תורה,the Torah)、先知书(נביאים,the Prophets)、圣卷（כתובים，the Writings）的希伯来首字母组成。或者更通俗地借用基督教对圣经的称呼，而称其为《希伯来圣经》（the Hebrew Bible）。

◆一 "经"的思想内涵

犹太—基督教传统有一个非常突出的文化现象，即都拥有一部边界清晰的所谓神启经典。它作为信仰标尺，常称为"正典"。相对来说，东方宗教如印度教、佛教、儒教与道教对宗教经典的界定则要更加宽松、开放，而且承认它们的人为性。因此，圣经的观念本身就镶嵌在犹太—基督教的整体意义系统之内，有其独立而深厚的思想基础。

在闪族语言中，"正典"的原意是"用来测量和指导的杖、标尺"，意指某些固定的书卷成为某一信仰群体的权威经典。它既指那些书卷本身，亦指它在那个信仰群体中所发挥的权威性功能。用这个词来指代圣经，更多的是指圣经这一文本所具有的权威性、确定性和不可变易性。但是，"圣经"一词所涵摄的思想意义，乃更深刻地体现在另一同义词汇，即"神启经典"之中。

把一部书奉为神启经典，其中包含两个最基本的神学信念。第一，上帝是一个自我启示的存在，他不是一个消极等待人们去发现的实在，而是一个主动介入世界和人类历史之中的人格化存在。按以色列人的理解，耶和华或在自然或在历史（尤其是以色列史）中，或者对个人（尤其是先知或祭司）启示他的意旨。第二，上帝启示自我的媒介是话语，即所谓"上帝的话"。上帝是一个会说话的终极实在，处在与人类对话的关系之中。以色列人认为，耶和华既是历史中的行动者，又是一个对话者。在《希伯来圣经》中，他"说"的比"做"的更多。与此相应，希伯来的宗教精英就是那些能通过话语传达上帝意旨的人，即先知。

从思想史的角度而言，在古代以色列人的宗教生活中，人们最初是通过两种方式来理解上帝的意旨。首先，由先知传达上帝的话语；其次，由祭司通过仪式性的操作，并对征兆进行解释来了解上帝的意旨。但是，在宗教变迁的过程中，后一种方式逐渐被人们忽视，神秘的仪式活动不再被认为是人们得到神启的有效途径。尤其在公元前 7 世纪，经过约西亚的宗教改革之后，仪式性通神活动被加以禁止。上帝通过先知的"话语"来启示神意，便成为以色列人的核心观念之一，这也是犹太—基督教传统对于"经"的基本理解。

二 《希伯来圣经》成典史

对于古代以色列来说，只有到相当晚期才开始具有文本化的圣经。将圣经理解为一个封闭的、固定的文本，则是直到公元前后才有的事情。但是，把某个文本理解为权威的、确定的"正典"，却又是相当古老的观念。因此，正典的封闭与开放、固定与流动、新文本的加入与旧文本的编修之间的辩证互动，在希伯来宗教史上经历了一个极其漫长、复杂的过程。《希伯来圣经》本身就是不同历史时期多样文本单元之间不断叠加和互动的产物。可以依据《希伯来圣经》的三大部分——"律法书"、"先知书"与"圣卷"的成型来条块式地分解它的成典史。

首先是律法书的成典。律法书中成典最早的可能是五经的不同律法单元,如十诫等。最早真正具有所谓"正典"意义的文本是包含在《申命记》中的申命法典。公元前 621 年,人们在耶和华的圣殿里发现了"律法书"(ספר תורה, Book of Torah)。并且,约西亚王在听见这"书"上的话后,马上就召集众百姓参加的会议。

王差遣人招聚犹大和耶路撒冷的众长老来。王和犹大众人,与耶路撒冷的居民,并祭司、先知和所有的百姓,无论大小,都一同上到耶和华的殿;王就把耶和华殿里所得的约书念给他们听。王站在柱旁,在耶和华面前立约,要尽心尽性地顺从耶和华,遵守他的诫命、法度、律例,成就这书上所记的约言。众民都服从这约。(王下 23:1-3)

从这段话中,可以得出两个基本结论。首先,它是一卷用文字写成的书,这卷书被认为是"耶和华的话"。其次,这卷书上的规定和法则,被以色列人这个信仰群体视为权威性的,成为规范整个民族生活的宪章。也就是说,在以色列宗教史上,第一次有一卷书被认为是"神启经典"。

这一卷"律法书"就是原始的《申命记》,即现在《申命记》12 至 26 章,学术界将其称为"申命记法典"(Deuteronomic Code)。它作为圣经中最早具有正典地位的经卷,决定了以色列人对于正典内涵的理解。首先，它表明在以色列宗教中，上帝的启示即是神法，其基本内容就是一整套的法则和律例，或者说是一套生活的准则；其次，一种理想的人神关系，即表现在人对上帝启示之神法的遵守与践行。这两个基本原则对于《希伯来圣经》的发展和其他经卷成典的过程，乃至后来制度化的犹太教之出现，都产生了深远的影响。

接着是五经的成典。申命记法典之正典地位的确立，标志着《希伯来圣经》正典化运动的开始，而非结束。与申命记法典大致同时成型的，是以色列民族史诗的完成，即从亚伯拉罕的故事到大卫之死的民族记忆。它包括今天五经中所谓的 J 典与 E 典，以及历史书中的大部分内容。公元前 550 年左右，申命记法典被插入到上述民族史诗的中间，从约书亚到列王的故事也被重新按照申命记法典的精神加以改编。这样，从亚伯拉罕到摩西的故事就与以色列人进入迦南地的历史分割开来，成为一个独立的篇章，并与申命记法典一起，形成了一个初步的正典。

大致同时，在《以西结书》40 至 48 章中所反映的重建运动的推动下，将祭祀规条以先知启示的方式进行改编的"圣洁法典"，即《利未记》19 至 26 章亦得以完成。此后，从约公元前 550年至约公元前 450 年，以第二圣殿的崇拜实践为基础，关于祭祀、祭司与圣所、圣殿的法典，即通常所讲的 P 典，也开始成型，并在加上一些谱系传说、祭祀制度之起源的内容后，形成一个整体的摩西五经。公元前 458 年，按《以斯拉记》和《尼希米记》的叙述，以斯拉带着"律法书"从巴比伦回到巴勒斯坦，并在耶路撒冷的信仰群体面前将之诵读，大概就是这部成型的五经。所以，学术界一般认为,五经成典于公元前 5 世纪中叶或者公元前 4 世纪初。

然后是先知书的成典。按犹太传统,五经之后的一个大单元统称为"先知书"。它又可分为"前先知书"(Former Prophets,从《约书亚记》到《列王纪》的历史书部分)和"后先知书"(Latter Prophets,除《但以理书》之外的大先知书与十二小先知书)。它们成典的时间约在公元前 200 年左右。前先知书之所以被接受为正典,主要原因大致有三:第一,历史书是申命记学派的历史神学作品。它们并非客观的以色列史,而是被视为上帝对摩西之启示的应验,即以色列人守律法则得福,弃律法则遭祸。五经成典之后,这些历史书又按五经的精神予以添加与改编。在此意义上,历史书不是通常意义上的客观历史,而是五经基本信念和教导的彰显,因此被纳入到"神启经典"的范畴之中。第二,历史书用从征服迦南到流放的以色列史,来证明先知预言的实现,即耶和华将因以色列人的罪而在具体历史中惩罚他们,因此,历史书是对先知传言(prophecy)的验证与解释。第三,到公元前 3 世纪末,先知们被认为是历史书的作者,即约书亚是《约书亚记》的作者,撒母耳是《撒母耳记》的作者,而耶利米是《列王纪》的作者,作者的先知身份推动了这些书卷被纳入到正典之内。

相对来说,后先知书(即"先知书")成为正典应该是没有疑问的。从很早开始,先知们的话就被认为是神的启示,具有神圣的权威。这些话也很快被记录下来,其文本形式具有同样的神圣权威。但最初它们只是一些零散的小单元,远未形成经卷。接着,一些比较大的单元开始形成,如《以赛亚书》1 至 12 章与《以西结书》1 至 24 章等。它们形成之后，又大致按照年代顺序加以编排。最后，先知书又按两个原则性框架进行最后编修：一是对列国的审判；二是末世得救的盼望。一些早期的先知作品被赋予新的意义，即由原先的"悖逆受惩，悔改得救"的"非此即彼"（either/or）的模式，转变为"此时灾难，将来永远得救"的"此先彼后"（before/after）的模式。经过这样的编修之后，先知书中充斥着的对以色列的谴责，以及对于以色列作为上帝惩罚对象之命运的悲观预言，被置入对上帝惩罚敌国、重建以色列国家、人民永远得救的光明未来的积极盼望之中。这也极大地提升了先知文献在亡国后的以色列人中的认受度，是其得以被纳入正典的重要因素。

先知书的正典化与先知现象之间存在着一种辩证关系。一方面，正典的神学根据是这些文本来源于先知的神启，另一方面，当文本被当作正典确定下来之后，它必然要限制新的先知传言的发生，否则正典本身就会处在危机之中。因此，当五经在公元前 5 世纪前后被当作正典确定下来后，其直接后果是：先知传言亦就此终止。既然不再有先知传言，人们转而去尽力搜集流传下来的先知文献，并将其分为四卷保留下来，即《以赛亚书》《耶利米书》《以西结书》以及十二小先知书。这也是先知书成典的一个动力。因此，先知书作为一个整体的正典单元完成于公元前 3 世纪至公元前 2 世纪之间，很可能是完成于公元前 200 年左右。一个直接的证据来自于约成书于公元前 180 年，被认为是"次经"的《便西拉智训》44 至 49 章，作者不带停顿地数点了从五经、历史书到先知书的作品。[1] 可见，时人已把先知书当成与五经地位相当的正典了。[2]

最后是圣卷的成典。按犹太传统的分法，正典的第三个单元是"圣卷"（כתובים，Writing）。这个单元类似于一个杂集，包括诗歌书（即《诗篇》、《箴言》与《约伯记》）、五小卷（它们是在犹太人的五个重要节日上诵念的仪式用书，即《雅歌》、《路得记》、《哀歌》、《传道书》和《以斯帖记》）、天启文学（《但以理书》）和历史书（《以斯拉记》、《尼希米记》和《历代志》）。在正典化历程中，五经、先知书都是整体性地获得正典的地位，但圣卷单元的经书都是一本一本地被人们承认，逐渐被纳入到正典范畴之中。

圣卷中的经书之所以能够被纳入正典，主要是由于两个因素。首先，这些书卷必须在当时的犹太人中有一定的接受度。考虑到古代社会的经书流传和保留技术，只有一定程度的接受度才能使得人们有兴趣去抄录它，从而使它得以流传下去，不致于消失在漫长的文明时空之中。其次，这些书卷在当时必须是无名氏写的。因为先知话语在以斯拉之后就终结了，因此，如果人们知道哪一本书是以斯拉之后的人所写，那它就不会被接纳为正典。例如，《马加比一书》显白地谈到了晚期的历史，故不被接纳为正典；而《便西拉智训》被明确地标上了便西拉（Ben Sira）的名字，而他被确认为是一个晚期人物，所以也不能纳入正典。正是当时这

---

1 它们分别是：《智训篇》44－45 章讲到的五经；46：1－10 讲到的《约书亚记》；46：11－12 讲到的《士师记》；46：13－47：11 讲到的《撒母耳记》；47：12－49：5 讲到的《列王纪》；48：20－25 讲到的《以赛亚书》；49：6－7 讲到的《耶利米书》；49：8－9 讲到的《以西结书》；49：10 讲到的十二小先知书。
2 把先知书与律法书相提并论，可见于新约时代，如《马太福音》5：17。

些书卷是无名氏写的，才可以托名古代人物如大卫、所罗门、但以理为它们的作者，从而进入正典之中。

我们无法确知，圣卷是从什么时候开始获得正典地位的。公元前132年，《便西拉智训》希腊文译本的序言即已提到存在着一个松散的"圣卷"单元。他称之为"律法书、先知书和那些编在它们之后的书"，"律法书、先知书和另外一些父辈们的杰作"，"律法书和先知传言，以及其他的书"，至于这些"其他的书"是哪些，我们无法知道。但它起码说明今天圣卷中的部分书卷已经被纳入到正典之中，并且被视为一个单独的部分。到公元1世纪的《路加福音》，谈到《希伯来圣经》的三个组成部分时，仍是用"摩西的律法、先知的书和诗篇"（24：44）这样的称呼，表明《希伯来圣经》在公元1世纪仍然尚未最终成典，尚无一个整体的名称。

一般认为，最终确定《希伯来圣经》的边界，是公元90年左右召开的雅尼亚（Jamnia）会议。[1] 这时把《希伯来圣经》正典的边界确定下来的原因可能有三个。首先，公元70年耶路撒冷城陷落，犹太教分崩离析，如何使得散居在罗马帝国各地的犹太人形成确定的宗教身份，是宗教领袖们的当务之急，而确定一个边界清晰的正典乃是关键。其次，在同一时期，基督教广泛兴起，也要求犹太人的宗教领袖确定自己的正典来划清与基督教的界限。最后，在公元前后，犹太社群中出现了很多假冒古人名义而作的启示文学，它们企图托古代作者之名来获取权威（如《以诺书》等），这样

1　关于雅尼亚会议确定希伯来正典的内容及排列，我们在此不能以后来基督教公会议模式去理解它。它更像是一个在雅尼亚的学派（school）所形成的关于经典界定的传统，而不是从各地来的宗教领袖在一起召开的形成规范性文本的会议。

的潮流对制度化的犹太教也形成了冲击。

通过《希伯来圣经》的成典史，我们看到一个宗教观念，即上帝通过话语来启示自身，是如何逐渐在文化时空中演变为一个清晰的文本。律法书和先知书都被称为先知所作，具有当然的神圣性。而正典的观念一旦确定下来，它便具有自己的力量。尤其是圣卷被纳入到正典之后，那些本来只具世俗意义的文本，如《以斯帖记》《雅歌》等，也被认为是神圣经典。整部《希伯来圣经》被整体性地认为是上帝的启示。

三　经与教：圣经边界的确定与流动

《希伯来圣经》的文本边界确定下来后，犹太教有了一个信仰判断的基本准则，正典的内容及边界似乎应该尘埃落定了。但事实恰恰相反，由于《希伯来圣经》被不同的信仰群体接纳为神启经典，所以，正典的确定不是争论的结束，而是另一轮争论的开始，而且这一次的争论范围更广，程度更深，差异也更明显。简言之，《希伯来圣经》在内外两个方面呈现出它的流动性。所谓外的方面，是指《希伯来圣经》被整体性地纳入到另一个更大的正典单元之中，成为基督教的《旧约》，被认为只有通过《新约》才能得到恰当理解。它的边界整体性地消融在基督教圣经的意义世界之中。所谓内的方面，是指单就《希伯来圣经》或《旧约》来说，它应该涵括哪些经卷、这些经卷又有什么边界、如何组织编排这些经卷，在不同的宗教传统中也形成了不同的处理方式，其内部边界也处于流动之中。

　　分歧首先产生在亚历山大里亚与巴勒斯坦的犹太社群之间。生活在巴勒斯坦地区的犹太人以希伯来文或亚兰文作为他们的神圣语言，因此，只有用希伯来文或亚兰文写成的经卷才是神圣的正典。然而，对于生活在希腊文化背景之下的亚历山大里亚的犹太人来说，他们通常使用的文字是希腊文。在他们看来，从希伯来文或亚兰文翻译为希腊文的文献同样是神圣的。而且，对他们来说，五经具有最高的正典地位，五经的边界是清晰无疑的，但其他经卷，即正典的其他部分，仍然是边界未定的。因此，生活在希腊文化区域的犹太人对于正典形成了更加开放、更加包容的态度。

　　当亚历山大里亚的犹太人在编排他们希腊文版的正典（即通常所谓的七十子译本）时，在经卷篇目、文本内容和排列顺序上都展现出与希伯来正典不同的方面。首先，希伯来正典在先知书与圣卷部分之间划定的边界被模糊了；其次，除五经之外的书卷，在很大程度上是按照主题与时间顺序来排列的；最后，一些不被希伯来正典承认的书卷也被交错地插入到希腊文的正典之中。这样，不仅在数量上希腊文正典比希伯来文正典多出不少的书卷，而且在书卷的分类上，也被大致分成了六个部分，即五经、历史书、诗歌与教导书、故事书、先知书、玛加伯上下书。

　　由于希腊文版的《希伯来圣经》被当时兴起的基督徒接纳为他们的《旧约》，因此，关于正典所应涵盖的范围之争论也被基督教延续下来。对于是否应该把那些没有出现在《希伯来圣经》中，但被七十子译本所接受的书卷作为基督教的正典，教父们也有很多的讨论，在早期教会中做法也不尽相同。到了公元 4 世纪末，大公教会才正式将希腊文版的《希伯来圣经》接纳作为基督教的《旧约》，但在内容与排列顺序上均与犹太教的希伯来正典有着很大的差异。

但是，到了 16 世纪宗教改革时期，路德发动新教改革运动，在他将圣经翻译为德语时，就面临着选择哪一个正典来翻译的问题。一是为了贯彻他"回到本源"的改革主张，以最原初的正典来作为翻译的原本；二是为了突显新教身份，表示与罗马天主教的决裂，路德乃以希伯来正典作为他的《旧约》原本，把天主教《旧约》多出来的文本称为"次经"，认为它们没有圣经的地位，但有益于信仰和道德。因此，基督新教的《旧约》在内容上与天主教的《旧约》亦有相当差异。有趣的是，路德的《旧约》翻译又未完全照搬希伯来正典，他在书卷的主题安排与排列方式上沿袭了天主教传统的做法，即采用了七十子译本以年代和主题排列，模糊了《希伯来圣经》"先知书"与"圣卷"之间界线的做法，将《旧约》分为五经、历史书、诗歌书和先知书。这样的做法被多数的英文译本所接受。新教传入中国后，人们翻译圣经时也采用这样的排序法，今天的中文译本大抵如此。

所以，在漫长的犹太—基督教传统中，正典的概念贯穿始终。基督教对犹太教的改革、新教对天主教的改革，都声称是对圣经正典原则的回归，也都把自己的经卷称为正典，即神启文本。正是由于所有的犹太—基督教派别都坚持所谓的"正典"原则，使得圣经成为一个相当模糊、流动的文化符号。一方面，宗教群体从正典中获得自己的基本原则；另一方面，正典又是沉默的，它的边界需要宗教权威的确立。在文化史上,宗教常常是从正典文本开始的;但正典边界的确定却常常是宗教制度化的结果。在宗教的历史变迁中,正典边界也是处在确定与流动的辩证关系中的。

🔑小知识   次经和伪经 ——————————————————————————

次经(Apocrypha),其希腊文原意为"隐蔽的"、"隐藏的",用来指未被纳入到圣经正典之中,但具有"隐蔽的"、"秘密的"知识的一些书卷。"次经"这个词主要被犹太教和基督新教所使用,因为它们所认为的"隐蔽的"经卷,在罗马天主教和东正教看来,乃是正典的当然部分。中文将其译为"次经",意指在犹太教和基督新教看来,它们虽然不是神启经典,但对于信仰与道德仍然是有益的,仍然属于"经"的范畴,但在神圣性上"次"于正典。

次经是指那些大约成书于公元前 300 年到公元后 70 年左右的犹太宗教文献。相对于伪经(Pseudepigrapha)而言,次经是一个边界相对清晰的文献单元。它是希腊七十子译本与《希伯来圣经》之间的相差部分。圣经史上,当早期教父哲罗姆(Jerome)在翻译中世纪天主教的拉丁通俗译本(Vulgate,或称"武加大译本")时,是从《希伯来圣经》直接翻译的。他认为那些在希腊七十子译本中多出来的经卷是次经,不应纳入到正典当中。但罗马教会在颁行圣经时,反对哲罗姆的主张,将这些比《希伯来圣经》多出来的部分加在通俗译本中,并确立为天主教的正典。宗教改革之后,新教派别以《希伯来圣经》为底本翻译《旧约》,不承认次经的正典地位。为了表明天主教的自身立场，反对新教的正典观，公元1546年的特兰托公会上，天主教会明确宣布所谓"次经"同样是教会的正典，是正典的"续经"，同样是神启的。

所谓"伪经"，即伪托或假托之书，指的是多写成于两约期间（约公元前250年至公元200年）的一些古代犹太和希腊文献，这些文献多假托圣经人物为作者，如以诺、以斯拉、巴录、以利亚，甚至亚伯拉罕、以撒和雅各等。伪经当中最老的犹太文献可能在公元前3世纪，最晚的可能要到公元4或5世纪。伪经本身是一个非常宽泛的指称，指那些既未进入圣经正典，亦不包含在次经当中的文献。在古代，它并未编成一个整体，但今人用"伪经"这个名称来统称它们。正是由于这一点，人们在伪经应该包含哪些书卷、内容和排列顺序等问题上至今仍未有一致看法。

这些文献对于我们了解早期犹太教以及基督教的源头很有帮助，它们是我们了解公元前后几个世纪的巴勒斯坦和散居地的犹太人生活的主要材料。它们可能最早是由犹太人编纂甚至创作的，但后来又被基督徒重写或扩充。这些文献的写作深受希伯来传统的影响，或自称是从某个古人所接受的启示，或是对某些圣经文本的改写或扩充，或是以《诗篇》为模本所作的诗歌，或是按犹太智慧文学传统所作的编写。

这些文献被称为"伪经"，并不是因为它们托古人为作者。因为假如按此标准，正典中的某些书卷也是伪经，它们因假托某些著名人物为它们的作者而成为正典，如某些《诗篇》以大卫为作者，《箴言》以所罗门为作者；《新约》中也有一些书信托保罗为作者，如《希伯来书》《歌罗西书》以及某些教牧书信等。它们之所以被归为伪经,主要是由于它们没有被广泛流传,没有得到人们在信仰上的认可。

伪经对于圣经研究有如下意义:首先,它是我们了解巴勒斯坦和散居地犹太人生活和思想不可缺少的资料。其次,通过对伪经的分析,我们可知在公元前后几个世纪,犹太宗教不是单一的、封闭的、正统的,而是一个开放的、包容的、与周围的西亚文化有深层互动的文化体系。最后,通过对伪经的研究,也改变了人们对于基督教起源的理解。可以说,不仅制度化的拉比犹太教是从这一时期复杂的、多样化的犹太人信仰中发展出来,基督教亦同样如此。耶稣所用的很多象征与概念,如"上帝之国"、"人子"、"活水"等都不是基督教独创的神学语词,它们也经常出现在伪经当中。

伪经是现代学者编成的一个文集,与《希伯来圣经》、《新约》或次经有着本质的不同。它不属于任何一个信仰群体,也从来没有宗教权威试图将它确定为正典。从这些文献中亦没有发展出宗教派别。

◇ 思考题

1. 在犹太—基督教传统中，"经"的含义是什么？它以哪些神学理解作为思想基础？

2. 通过圣经边界在犹太教、天主教与基督新教的差异，试分析宗教与经典之间的辩证关系？

3. 试述"次经"、"伪经"的概念，它们对于基督教研究、文化研究有什么意义？

📖 进深阅读

1. Anderson，Bernhard W.，*Understanding the Old Testament*，4th edition（Englewood Cliffs，N. J.：Prentice-Hall，1986）

2. Charlesworth，James ed.，*Old Testament Pseudepigrapha*，2 vols（New York：Garden，1987）

3. Fohrer，Georg，*Introduction to the Old Testament*，trans. by David E. Green（Nashville：Abingdon，1968）

4. Freedman，David Noel，*Anchor Bible Dictionary*（New York：Double-day，1992）

5. Pfeiffer，Robert Henry，*Introduction to the Old Testament*（New York：Harper & Row，1948）

6. 傅有德主编：《犹太研究》，济南：山东大学出版社；北京：人民文学出版社，第 1－6 辑

7. 梁工主编：《圣经文学研究》，北京：人民文学出版社，第 1－6 辑

8. 游斌：《希伯来圣经的文本、历史与思想世界》，北京：宗教文化出版社，2007 年

9. 朱维之：《希伯来文化》，上海：上海社会科学院出版社，2012 年

第一章
圣经地理与历史

　　在对《希伯来圣经》进行具体研究之前，先来简要地看看圣经的地理与历史，无论是从神学还是从文化角度而言，都有着重要意义。首先，在神学意义上，圣经认为上帝的启示就蕴含在一个特殊的族群，即以色列人的历史和生活之中。耶和华是在特定的时间和空间里，向以色列人启示他自身。对《希伯来圣经》而言，神人关系与人地关系、人际关系是不可分离的。其次，在文化意义上，圣经并非凭空产生，它与广义的古代近东文化，包括埃及、两河流域、巴勒斯坦古代文明之间都存在着密切而有机的联系。不了解古代近东文明，就很难对圣经及古代以色列有深入的理解。最后，无论是对以色列史，还是对圣经文本编纂史的研究，都必须结合对古代近东世界的历史地理的深入探讨。

名词解释 古代近东研究（Ancient Near East Studies）

　　古代近东是用来指称今天中东这一广阔地区的早期文明，包括：两河流域、古代埃及、古代伊朗、小亚细亚和地中海东岸等。在时间上，它大概上至公元前四千纪人类文明诞生的苏美尔时期，下至亚历山大东征的公元前4世纪。古代近东是人类文明的摇篮，最早的农业、书写、陶轮、政府、法典、国家乃至于天文、数学都诞生于此。由于犹太—基督教文明诞生于这一区域，所以古代近东研究也是对西方文明的探源研究。古代近东研究也是欧美一流大学学术体制内的重要组成部分。古代以色列属于古代近东一个较小部分，在近东文明发展序列中也较为晚近，因此，必须结合古代西亚的研究成果对《希伯来圣经》进行研究。

圣经地理

　　《希伯来圣经》所涉及到的古代世界常被称为"古代近东"，其范围基本上就是今天的中东。其大致区域是西起地中海东岸，东至萨格罗斯山脉，北至高加索山脉，南至阿拉伯沙漠、波斯湾和红海水域。它主要包括三个次区域：两河流域、叙利亚—巴勒斯坦和埃及。由于这三个地方相接起来，大致构成一个新月形状，因此也常被称为"肥沃新月地带"（Fertile Crescent）。它们不仅是圣经历史事件的主要发生地，也是人类文明的起源地。人类历史上的四大古老文明，古代近东就占有两个。圣经历史的大框架，即以亚伯拉罕从两河流域下游的吾珥迁往迦南为起点，以摩西带领以色列人出埃及进入迦南为高潮，以南国犹大被掳巴比伦并在以斯拉和尼希米带领之下回归耶路撒冷、重建圣殿作为终点，就是讲述以色列人在上述三个文明区域之间的迁徙往来。因此，对这三个区域进行历史地理的描述是很必要的。

两河流域（或按音译"美索不达米亚"）是指在幼发拉底河和底格里斯河之间的区域，是典型的大河文明。幼发拉底河和底格里斯河起源于土耳其，河道近似平行，在将流入波斯湾时相汇而成一条河流。这一区域地形变化多样，北部山岭众多，西南则是广阔的阿拉伯沙漠。简要来说，它的地理特征有两个基本特点：一、两条大河的水流具有很大的不可预知性，或者河水泛滥，或者旱灾肆虐。南部地区经常在沙漠与沼泽之间徘徊。幼发拉底河和底格里斯河虽然孕育了两河文明，但它们基本上是以"害河"的形象为主。在两河流域文明中，河水或大水常是破坏、混沌的象征。但也正是在这样的大河流域，治水和灌溉都需要大规模的协同作业，因而产生了强力的社会组织和政治领袖，甚至是国家的最早诞生地。二、这一地区缺乏天然屏障拦阻入侵者，使其文明呈现出强烈的开放性、不稳定性和杂交性。大约在公元前3100年，苏美尔人在两河流域南部建立文明，以楔形符号作为文字。他们选取湿润的粘土，将文字写在上面，然后在太阳下或烘炉中把粘土版烤干,制成极耐用的楔形文字泥版(tablets)。今天的考古学家已经发现了上千块这样的泥版。但在苏美尔人之后,闪族人开始占领两河流域。先是阿卡德人(Akkadian),后是亚摩利人(Amorites)。他们分别在南部幼发拉底河上的巴比伦,北部底格里斯河上的亚述与尼尼微,建立区域性的城市国家。南部与北部的对峙是两河流域文明的一个重要主题。两河流域兴起的国家是古代近东的霸主,具有强烈的扩张性。亚述和巴比伦就分别在以色列人的历史上扮演过重要角色。

埃及也属于大河文明,但河流对于埃及人来说却是天赐的礼物。尼罗河发源于东非高原,绵延 6600 多公里,穿过非洲东北部的沙漠流入地中海。尼罗河没有支流,其水源主要来自高山融雪,故水流稳定,涨落可以预知。河水每年 6 月上升,9 月达到高位,11 月回复正常。河水的涨落给两岸带来一层层肥沃的泥沙,土壤得到滋润,使尼罗河流域成为世界上土地最肥沃的地区。在红色的沙漠之中,尼罗河流经之处成为一条狭长的生命"黑土"地带,其宽度不超过 16 公里,却居住着超过 90% 的埃及人口。埃及农业发达,直到罗马帝国时期,仍是整个帝国的粮仓。

人们通常认为,埃及文明并非一种原生文明,它很可能是在两河流域影响之下形成的次生文明。因为对埃及的考古研究表明,它似乎是从新石器时代一跃进入城市文明;而其象形文字(hieroglyphicus)的发展,也可能受到两河流域楔形文字的影响。由于埃及相对与世隔绝,东西两侧的辽阔沙漠和北边的地中海是它的天然屏障,少有外敌入侵,因此与两河流域不同,埃及文明是相对孤立的。其历史主要是上下埃及之间的相争,以及本土埃及人王朝的兴衰。其中有一些朝代也发展成为强大的帝国,例如公元前 2700 至 2200 年的第三至六王朝;公元前 2000 至 1700 年的第十一至十三王朝;公元前 1550 至 1100 年的第十八至二十王朝。在其势力强盛时,巴勒斯坦地区常常成为埃及王国的殖民地。而在其力量衰微时,从巴勒斯坦进入的亚洲人甚至可以占领埃及。

圣经历史的主要发生地是叙利亚—巴勒斯坦地区,即从幼发拉底河的北面河流弯道,沿地中海东岸向南延伸至西奈半岛。如果说两河流域与埃及是大河文明,那么叙利亚—巴勒斯坦则可称为山地文明。它缺少如前两者那样的大河系统,山岭和地形的变化使其被分割成众多分散而细小的地区。它自身的文明并不发达,其重要性主要是由于它在两河流域和埃及之间扮演的桥梁性角色。它曾是埃及与赫梯帝国的相争之地;在公元前 14 世纪的阿玛拿时期,主要由埃及统治;当两河流域出现帝国,并向西扩张时,它又常常作为两河帝国进犯埃及的桥头堡。

名词解释 阿玛拿(el-Amarna)文书

> 阿玛拿是第十八王朝的阿肯那顿法老在上埃及的首都,从 1887 年开始,在此地发掘出 382 块用当时的国际语言——阿卡德语书写的文书。它们是埃及王室与他们在迦南和阿姆努的属国之间的通信文件。这些文书的写作时间大概从公元前 1390 至 1330 年代。其中 300 多块属于外交文书,另有零星的文学或教化作品。它们对于人们理解

公元前 14 世纪的古代近东世界有极大帮助。对圣经研究来说，这些书信的写作时间正是以色列人出现在巴勒斯坦地区的前夜，是人们理解以色列民族起源的重要文献。

由于巴勒斯坦地区是圣经历史的主要发生地，所以我们要更加详细地来说明这一地区的地理特征。这里可以从南北纵向细分为四个地区：海岸平原、中央山地、约旦裂谷和约旦河东岸的高原。

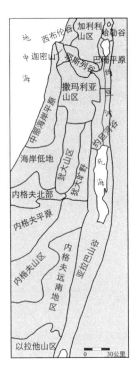

海岸平原（Coastal Plain）是指沿地中海东岸的狭长地带，北部较窄，南部较宽。它有几个基本特点：一、地势平坦，土壤肥沃，且因泉水众多或地下水位较高而用水十分方便。它是古代巴勒斯坦主要农业区。二、连接埃及与两河流域的重要交通与贸易通道经过此地，埃及或两河流域的大国都试图控制这个区域。三、由于它靠近地中海，拥有众多的海港，如推罗、西顿、比布鲁斯和亚柯等，因此它具有文化上的开放性和混杂性，埃及、两河流域、赫梯乃至希腊等文化对它都有影响。另一方面，由于它靠近海岸，所以也易于被不同的海洋民族入侵，如公元前 14 至 13 世纪，"海民"入侵导致在海岸平原上形成非利士城邦联盟，是《希伯来圣经》时期以色列人的主要敌人之一。自北向南，这一片区域又可再分为亚柯平原、耶斯列谷、沙仑平原、非利士海岸、高原（Shephlah 的圣经译名，即中央山地与海岸之间的丘陵）、南地沙漠（亦称内格夫地区）。

中央山地（Central Hills）是圣经以色列文明的最主要区域。它北起地中海东岸的最高山脉黑门山（海拔 2730 米），南至内格夫沙漠。它又可细分为加利利地区、耶斯列谷、以法莲山地和犹大山地。其中，耶斯列谷是一个重要的地理单元，它呈东西走向，使中央山地相分割，又将海岸平原与约旦河谷相连接。其土壤肥沃，用水方便，是重要的农业区，也是巴勒斯坦地区的交通枢纽。因此，它是控制整个叙利亚—巴勒斯坦地区的核心要冲，古代近东的著名城市米吉多就位于此河谷。

耶斯列谷以南的大片山地，其两边山坡都有很深的河床，成为东西交通的障碍，也构成一个相对独立的地理空间。大致以伯特利为界，分成南北山地，北为以法莲山地，南为犹大山地。沿着东面山坡,有一条连接南北的通道。在这个通道上,分布着圣经中以色列的众多重要城市,如北部的米斯巴、示剑、示罗和伯特利,南部的耶路撒冷、伯利恒和希伯仑等。

对中央山地的历史地理研究表明:自古以来,地理地貌就将它分成两个差异极大的次区域:南部与北部,大致地分别以示剑与耶路撒冷为中心。在早期青铜时代,南部中心是 Khirbet et-Tell,即圣经的艾城(Ai),在耶路撒冷的东北部。北部是 Tell el-Farah,即圣经的得撒(Tirzah)。在中期青铜时代,南部中心是耶路撒冷,另有希伯仑,北部中心仍然是示剑。在埃及发现众多的中期青铜时代的"咒诅文书"(Execration texts),提及了相当数量的迦南地区海岸及低地城市,但只提到两个山地中心,即示剑与耶路撒冷。而在晚期青铜时代,埃及发现的阿玛拿文书也证实中央山地主要被分为两个城邦国家:示剑与耶路撒冷。以色列人的传统区域即所谓中央山地,北以耶斯列谷,南以别是巴谷为界。它的北部区域有较多的肥沃山谷,夹杂在山丘、斜坡之中,是一个较为丰产的地区。其山谷适于种植谷物,而山地则适于种植橄榄与葡萄。耶斯列谷也十分肥沃,又是两河流域与埃及的贸易通道。而它的东部地带也较为平缓,使北地之人可以与约旦河流域的人进行贸易。总体而言,北部富庶、繁荣,而且人口也相对稠密。但以耶路撒冷为中心的南部情况则不同,其南端边界为沙漠,西部边界为丘陵和海岸平地,而且边界地区有陡峭的落差,在5公里左右范围内落差约达400米。耶路撒冷北部区域虽不是那么陡峭,却被一些深谷隔开,无法形成规模化农业。只有中部高原从耶路撒冷、伯利恒到希伯仑,才有集中的农业。所以,中央山地南部是一个自成一体的生态与文化系统,崎岖的山地、艰难的交通、贫瘠的土地、很不确定的降水量等,构成一个封闭的、更适合游牧业而非农业的生态体系。即使到了铁器时代 II 期 A(公元前 1000 年至 8 世纪)的王朝时代,南部的犹大在经济上仍然是边缘与落后的,而北部的以色列则较为繁荣。

再往东约旦裂谷宽度平均约 16 公里,其中流淌的约旦河水平面从北至南逐渐下降,至死海海岸已深至海平面以下 380 米。约旦裂谷在历史地理上的主要意义在于它将巴勒斯坦地区分割为西岸和东岸。西岸是以色列人的核心聚落区域,而东岸则主要由以色列的边缘部落或非以色列人居住。

在约旦河东岸,从北至南有四条主要河流:雅穆克河、雅博河、亚嫩河和撒烈溪。它们将约旦河东岸分割为四个次区域:雅穆克河以北为巴珊(Bashan);雅穆克河与雅博河之间为基列(Gilead);在雅博河与撒烈溪之间属摩押人的领地;撒烈溪以南则为以东人所占。当然,在古代社会,它们之间的疆界流动而模糊,并非固定不变的。

◆二 巴勒斯坦地区的气候

早期以色列的核心区域就在中央山地,它可再分为南部的犹大山地和北部的以法莲山地、下加利利、上加利利以及黎巴嫩地区,南北延绵约 300 公里。崎岖山岭将中央山地隔成数量众多、彼此之间交往不易的河谷、盆地或高地。人们在河谷或盆地经营农业,在山岭经营牧业或果木业,山羊、绵羊、橄榄油、葡萄酒是其著名的土产。属于地中海气候,年温差不大,以耶路撒冷为例,最低月份的 1 月约 10℃,最高月份的 8 月约 25℃。冬季温暖湿润,降水集中,夏季干燥炎热,年降水量从 350 至 750 毫米不等。但降雨集中在从 10 月至次年 4 月的雨季,通常在当中的 50 天内把一年的雨下完。这导致中央山地出现众多季节性的小河,冬季涨水夏季干涸。[1]这进一步使得中央山地交通不便,人们只在较小区域内交往,难以形成大规模的群体。在中央山地南部的内格夫地区,则是半沙漠地带,年降水量不到 200 毫米,往南逐渐并入到西奈—阿拉伯沙漠之中。

中央山地的东部属于作为东非大裂谷一部分的约旦河裂谷。它在中央山地的东侧造成巨大的落差。从希伯仑到摩押山直线距离约 60 公里,却要经历 900 米到海平面以下 400 米再上升到 900 米的起伏。过了约旦河,就是约旦高原,其海拔高度稍高于西岸的中央山地。约旦高原的气温与中央山地相仿,年降水量约 200 至 300 毫米,适合游牧生活。诸条河流将约旦高原划分为几个更小的单元:雅穆克河以北的高原巴珊;雅博河以北树林茂密的基列山区;雅博河以南较平坦的亚扪和摩押地区;再向南就是再度崎岖的以东高原。

中央山地及其周围区域的生态环境,对于早期以色列人的社会和政治格局具有重要意义。首先,中央山地被山岭或河流分割

1　圣经文本也生动地记载了这些河流的季节性变化,其中由于约旦河主要由积雪融化作为水源,常年不断,而如《列王纪上》17:7,《约伯记》24:19 与《约珥书》1:20,都分别谈到炎热夏季干涸的河溪;在南部内格夫地区,情形同样如此,参《诗篇》126:4。集中降水给人们生活带来的不便,可参《士师记》5:21 与《马太福音》7:27。

成众多地理单元,它们之间没有多少贸易和往来,小范围的部族是早期以色列人的主要社会组织。其次,中央山地周围的生态环境差异极大,与早期以色列人相邻的社会共同体彼此相异,这决定了以色列人在向外扩张生活空间时,联盟而非兼并成为其主要形式。例如,在中央山地北端,地势较为平坦,接近古代商道,以撒玛利亚为中心的北部部族相对而言受外界文化影响更大,形成与南部山地诸部族有显著差异的文化形态。而更北部的亚设、但地区则接近海岸,主要生活在城市,贸易而非农牧业是其主要经济形态。南部的吕便、迦得地区则位于约旦河东岸高原,牧业是其经济之本。最后,分散、多元是早期以色列人生态地理的最基本特征,这导致早期以色列人的部族联盟常处于不紧密、不稳定的状态。《士师记》5章"底波拉之歌"就是经典例子,在早期以色列人与迦南人的战争中,积极参加的有以法莲、便雅悯、玛吉(玛拿西)、西布伦、以萨迦和拿弗他利,这些部族主要生活在中央山地的北部,而生活在南地的吕便"坐在羊圈内,听吹笛的声音",约旦河东岸的基列人"安居在约旦河外",北部海岸地区的"但人等在船上",亚设人"在海口静坐,在港口安居",并未参与到战事中。

附:古代近东考古时代分期表

早期青铜时代	Early Bronze Age	3300 - 2000 年
早期青铜时代 I 期	EBA I	3300 - 3000 年
早期青铜时代 II 期	EBA II	3000 - 2700 年
早期青铜时代 III 期	EBA III	2700 - 2200 年
早期青铜时代 IV 期	EBA IV	2200 - 2000 年

中期青铜时代	Middle Bronze Age	2000 – 1550 年
中期青铜时代 I 期	MBA I	2000 – 1800 年
中期青铜时代 II 期	MBA II	1800 – 1650 年
中期青铜时代 III 期	MBA III	1650 – 1550 年
晚期青铜时代	Late Bronze Age	1550 – 1200 年
晚期青铜时代 I 期	LBA I	1550 – 1400 年
晚期青铜时代 II 期 A	LBA IIA	1400 – 1300 年
晚期青铜时代 II 期 B	LBA IIB	1300 – 1200 年
铁器时代	Iron Age	1200 – 586 年
铁器时代 I 期	Iron I	1200 – 1000 年
铁器时代 II 期 A	Iron IIA	1000 – 900 年
铁器时代 II 期 B	Iron IIB	900 – 700 年
铁器时代 II 期 C	Iron IIC	700 – 586 年
新巴比伦时期	Neo Babylonian	586 – 539 年
波斯时期	Persian	539 – 332 年
希腊化时期	Hellenistic	332 – 53 年

三　圣经历史梗概

　　《希伯来圣经》文本形成于漫长的古代以色列历史之中,其文本史可能超过千年,经历了从口传到文本、从文本单元到汇聚成典的过程。可以说,圣经文本是不断层累而成,经历了不同时期的多重编修。因此,一段文本的意义既要视其历史处境而定,又要视其文本处境而定。在进入具体的文本与历史分析之前,有必要先从总体上了解圣经历史的梗概,这样才能在后文讨论中不致于陷入混乱。

必须说明的是,圣经历史不能等同于以色列历史,原因有以下几点:一、圣经历史可谓以色列人的民族志,带有显著的以色列中心主义色彩,而在历史现实中,以色列历史则不过是古代近东文明中的一支,甚至只是其中很小、很微弱的一支。早在以色列人出现之前,巴勒斯坦地区就有着丰富而悠久的古代文明。二、圣经是一个凝聚着宗教想象、历史叙事和文学修辞的文献,其中诸多历史事件几乎不可能用历史实证的方法加以考察,今人的考古学研究甚至不断对圣经中的以色列历史提出否证。所以人们需要通过对经外文献、圣经文本和考古发掘的综合研究,才能写作一部较为中立的以色列历史。三、圣经文本史与圣经历史之间存在着相当的错位。叙述古老历史的文本,其产生甚至可能晚于叙述晚近历史的文本。从圣经文本的特征来看,叙述早期历史的文本未必产生于早期,叙述晚期历史的文本也未必产生于晚期。因此,此处提供的圣经历史梗概主要是依据圣经自身提供的历史框架,在圣经历史没有涉及到的地方则引用现代历史学研究的成果。

附:古代近东历史与以色列史重大事件对照表

考古分期	公元纪年 (公元前)	以色列史	古代近东历史
早期青铜时代	3300 – 2000 年		人类文明的诞生 埃及古王国时期 苏美尔文明和阿卡德文明 叙利亚北部古迦南文明, 如埃伯拉(Ebla)

考古分期	公元纪年 （公元前）	以色列史	古代近东历史
中期青铜时代	2000 – 1550 年	先祖时期	亚摩利人迁徙到两河流域 古巴比伦王国 埃及的中期王国及希克索斯王朝
晚期青铜时代	1550 – 1200 年	摩西时代 出埃及 旷野流浪 在约书亚带领 下占领迦南	埃及新王国对叙利亚—巴勒斯坦进行有效管治 赫梯帝国兴起并衰落 两河流域的加瑟时期 晚期青铜时代古代近东世界大崩溃 海民入侵古代近东 考古学发现在中央山地出现数以百计的新村庄
铁器时代 I 期	1200 – 1000 年	士师时代 统一王国 （大卫、所罗门）	非利士人城邦联盟建立 小型王国在叙利亚—巴勒斯坦地区的兴起 亚述的兴起
铁器时代 II 期	1000 – 586 年	南北分立 北国以色列亡 于亚述 南国犹大亡于 巴比伦	埃及衰落 新亚述进入鼎盛时期，但于公元前 612 年亡国 新巴比伦兴起，压迫叙利亚—巴勒斯坦、埃及
新巴比伦时期	586 – 539 年	流放巴比伦 先知以西结 时期	新巴比伦帝国统治古代近东
波斯时期	539 – 332 年	回归耶路撒冷， 以斯拉和尼希 米带领以色列 人修建圣殿和 耶路撒冷城墙	波斯兴起 波斯与埃及、希腊之间的战争

1. 先祖时期

　　第一阶段是以色列人的族源即先祖们的时期。先祖们具体的历史年代已不可考,只能说它大致在中期青铜时代,即公元前2000至1550年。这一时期由于新旧势力的变换,在古代近东世界正进行着不同族群大范围的迁徙。在两河流域的下游,出自闪族的亚摩利人在巴比伦崛起,建立了古巴比伦王国。其著名人物如汉谟拉比(公元前1792至1750年在位),其写作的《汉谟拉比法典》使今人得以一窥古代两河流域的生活。到公元前16世纪初,这一王国才告衰亡。埃及在这一时期进入中期王国(公元前2000至1700年),国力较盛。然而,从亚洲进入的希克索斯人(Hyksos,意为"牧羊人之王")逐渐开始控制尼罗河三角洲,并于公元前1700至1540年掌握政权,其都城为阿瓦利斯(Avaris,今Tell ed-Daba)。这一时期的叙利亚—巴勒斯坦分布着众多零星的迦南城邦,它们与埃及、两河流域保持某种形式的贸易,内部之间则相互联合或争斗。这些迦南人很可能是闪族的一支。这一时期的迦南文明也较为昌盛,尤其在公元前1700年左右,由于无力或不愿使用复杂的埃及或阿卡德文来进行记录,迦南人发展出一种简便的字母系统,即通称为"腓尼基字母"(人们沿袭希腊称呼,将迦南称为"腓尼基"),可谓拼音字母的鼻祖。有学者推测,亚伯拉罕从两河流域迁徙至巴勒斯坦,且曾经短暂地进入埃及,正是这一时期古代近东世界民族大迁徙的反映;而约瑟在埃及上升为显贵,也对应着这一时期亚洲人在埃及宫廷中的显要地位,甚至就是希克索斯王朝的反映。

2. 出埃及时期

第二阶段是出埃及、征服迦南和士师统治时期，两个主要英雄人物是摩西与约书亚。在古代近东研究中，这一时期大致在晚期青铜时代（公元前 1500 至 1200 年）。这一时期两河流域的政治势力比较衰弱。从萨格罗斯山脉南下的加瑟人（Kassites）统治巴比伦，通过和约及其他非军事外交手段来维护他们的统治，史称"加瑟时期"。这一时期对巴勒斯坦地区产生巨大影响力的主要有三股力量：一是在叙利亚东北部、两河流域上游地区兴起的胡利安人（Hurrians）的米坦尼国（Mitanni）；二是在安纳托利亚地区兴起的赫梯帝国（Hatti），它在公元前 14 世纪中期后成为地中海东岸的大国；三是驱逐希克索斯人之后的埃及开始复兴，迈入第十八王朝盛世。北部势力试图南下巴勒斯坦，而埃及也试图北上统治巴勒斯坦，常常爆发国际冲突。在图特摩斯四世（公元前 1479 至 1425 年）在位时期，迦南成为埃及的属国。在上埃及的阿玛拿地区发现了几百封迦南的城邦属国写给埃及法老的书信，生动地刻画了迦南与埃及之间的国际关系。进入第十九王朝后，赫梯与埃及为争夺对叙利亚—巴勒斯坦的统治权发生战争，直到拉美西斯二世在其即位后的第 21 年（公元前 1258 年），与赫图西利三世签订合约，大致以西顿—大马士革为界，由埃及控制南部叙利亚及以南地区，赫梯控制北部叙利亚地区。从公元前 13 世纪中叶开始，整个古代近东世界陷入普遍的大崩溃之中。爱琴海的海洋民族开始扫荡包括小亚细亚、叙利亚—巴勒斯坦、埃及的地中海东岸。赫梯被一股外来势力所灭，埃及史料记载了一群海民的入侵,虽然埃及本土得以保全,但它所控制的巴勒斯坦地区的海岸城市却被席卷毁灭。作为海民的一支,非利士人进入地中海东岸,成为沿海平原的新主人。由于分别在上埃及的阿玛拿、叙利亚北部的乌加列(Ugarit)、两河流域上游的努兹(Nuzi)和马里(Mari)发掘出大量的文献,所以人们对中期青铜时代的古代近东世界的了解是较为深入的。

圣经所描述的以色列人离开埃及,并随即出现在巴勒斯坦地区,大致就发生在上述古代近东世界的大背景之下。由于圣经年表的不确定性,今人大致推测的出埃及时间有两个,即公元前1446年的图特摩司三世时期,或者是公元前1275年的拉美西斯二世时期。学术界多数学者赞成后一种断代。以色列人出埃及后,经历了40年的旷野流浪时期。但这一旷野流浪时期,却是古代以色列文明的定型时期。他们接受耶和华上帝颁示的律法,确立了一套以祭祀为核心的宗教、法律和道德体系,成为一群有着特定生活方式、特殊身份意识的族群。这支散漫的民众在经历了出埃及之后,在约书亚的带领之下迅速成为一群富有战斗力的军队,在短短几十年的时间便迅速占领了迦南,初步建立起12支派联盟的政治体系。

附:埃及第十八王朝世系表

法老名号	在位时间(公元前)
阿赫摩斯一世(Ahmose I)	1550 – 1525 年
阿蒙霍特普一世(Amenhotep I)	1525 – 1504 年

法老名号	在位时间(公元前)
图特摩斯一世 (Akheperkare I)	1504 – 1492 年
图特摩斯二世(Thutmose II)	1492 – 1479 年
图特摩斯三世(Thutmose III)	1479 – 1425 年
哈特谢普苏特(Hatshepsut)	1479 – 1457 年
阿蒙霍特普二世(Amenhotep II)	1427 – 1401 年
图特摩斯四世(Thutmose IV)	1401 – 1391 年
阿蒙霍特普三世(Amenhotep III)	1391 – 1353 年
阿肯那吞(Akhenaten)	1353 – 1334 年
斯蒙卡拉(Smenkhkare)	1336 – 1334 年
图特卡蒙(Tutankhamun)	1334 – 1325 年
赫珀科普鲁拉(Kheperkheprure)	1325 – 1321 年
哈伦海布(Horemheb)	1321 – 1292 年

附:埃及第十九王朝世系表

法老名号	在位时间(公元前)
拉美西斯一世(Ramesses I)	1292 – 1290 年
塞提一世(Seti I)	1290 – 1279 年
拉美西斯二世(Ramesses II)	1279 – 1213 年
迈尼普塔(Merneptah)	1213 – 1203 年
阿蒙麦西斯(Amenmesse)	1203 – 1199 年
塞提二世(Seti II)	1199 – 1193 年
西普塔赫(Siptah)	1193 – 1187 年

3. 统一王朝时期

第三阶段是大卫王朝时期。以色列人进入迦南后,最初采取较松散的支派联盟制,由克里斯玛式的个人领袖即"士师"担任部族的宗教与军事首领。随后在内部纷争不断、外部出现非利士强敌的情况下,逐步进入中央集权的王朝时期。大约在公元前 11 世纪初,在先知撒母耳的膏选之下,设立了第一位君王扫罗。但扫罗的统治很不稳定,君王制度也遭到以色列人的怀疑。新的政治军事首领大卫开始兴起,取代扫罗家族,在耶路撒冷建立大卫王朝。以色列历史进入一个短暂的黄金时期,并在大卫之后的所罗门统治时期达到顶峰。据圣经记载,所罗门建立起从"埃及小河至幼发拉底河"、囊括整个叙利亚—巴勒斯坦地区的小帝国。大卫选择耶路撒冷作为政治中心,所罗门则在该城修建圣殿,使其成为以色列人的祭祀中心。这一时期以色列王国内部统一,在国际上有了较高声望,在宗教上也建立起以圣殿为核心的祭祀体系,被称为"统一王国"(United Kingdom),后世将其称为政治与宗教上的典范时期。

这一时期大致对应古代近东研究中的"铁器时代 I 期"。非利士人作为海民中的一支,占领沿海平原。他们拥有较为先进的金属锻造技术,尤其是掌握了铁器的制作,在与中央山地的以色列人的战争中占据上风。铁器逐步取代青铜,故此考古学称公元前 1200 年之后的时期为"铁器时代"。

据考古学对这一时期的了解,在海民东迁的打击之下,古代近东的大帝国如赫梯、埃及和两河流域大国对这一地区的控制基本瓦解,呈现出一种权力真空状态。在铁器时代Ⅰ期即公元前1200至1000年的近东世界,地方性的民族国家开始出现,如南安纳托利亚的塔巴尔王国(Tabal)、幼发拉底河上游西岸的迦基米施国(Carchemish)、巴勒斯坦北部的亚兰琐巴国(Aram-Zobah)、海岸平原的非利士人的城邦联盟等等。在这种背景之下,中央山地出现一个以色列人的王国也是可以理解的。

附:与《希伯来圣经》有关之新亚述诸王世系表

王 名	在位时间(公元前)
撒缦以色三世(Shalmaneser Ⅲ)	859 – 824 年
亚达尼拉利三世(Adad-nirari Ⅲ)	811 – 783 年
提革拉毗列色三世(Tiglath-pileser Ⅲ)	745 – 727 年
撒缦以色五世(Shalmaneser ⅴ)	727 – 722 年
撒尔贡二世(Sargon Ⅱ)	722 – 705 年
西拿基立(Sennacherib)	705 – 681 年
以撒哈顿(Esarhaddon)	681 – 669 年
亚述巴尼帕(Ashurbanipal)	669 – 627 年

4. 南北两国分立时期

第四阶段是南北两国分立时期。所罗门死后,北部支派在耶罗波安的带领下寻求独立,并建立以得撒(后以撒玛利亚)为首都、以伯特利与但城为宗教中心的北国,北国称为以色列。但北国的王朝非常不稳定,经常被有能力的军事首领取代君王,建立新的朝代。在短短 200 年时间里,即约公元前 931 至 722 年,北国先后经历了 19 位君王,9 个不同朝代。在宗教上,由于北部以色列人与迦南人混居现象十分严重,北国也多采用宗教混合主义,即将以色列人传统的耶和华信仰与迦南传统的巴力信仰相结合。这也是最为圣经作者所诟病的一点。

南国称为犹大,其政治情形有所不同。它所统治的区域相对较小,地理环境也相对封闭,而且由于南国君王出自大卫世系,因此南国的政治更加稳定,在近 350 年的时间里,即公元前 931 至 586 年,一直由大卫王室进行统治。由于耶路撒冷圣殿的存在,耶和华崇拜在南国一直占据主导、上层的地位,但在民间层面,女神崇拜、祖先崇拜仍有广泛影响。人们一般认为,南国真正的繁荣是在北国于公元前 8 世纪下半叶遭受亚述沉重打击之后,即由于北国灭亡而带来的大量人口(包括知识精英、手工业者)南迁所致。尤其末期的两位君王,即希西家(Hezehiah,公元前727 至 698 年)与约西亚(Josiah,公元前 639 至 609 年),由于国力上升而欲重整以色列民族,乃至于对以色列人的历史进行编辑重释,这可能是《希伯来圣经》文本最重要的形成期之一。

南北两国分立时期,大致对应于古代近东研究中的铁器时代 II 期。就整个古代近东世界而言,埃及在这一时期总体而言处于衰落状态,只是在第二十六王朝的公元前 7 世纪初期有一段短暂的复兴。两河流域的超级大国是这一时期古代近东的主角,叙利亚—巴勒斯坦、埃及基本都处于它们的势力范围之内。首先是在两河流域上游,公元前 9 世纪时亚述开始崛起,对叙利亚—巴勒斯坦施加了较大的压力。但从另一个方面来说,亚述的崛起也将巴勒斯坦的经济融入到一个更大体系之中，因此，公元前 8 世纪上半叶北国的耶罗波安二世（公元前 793 至 753 年）和南国的乌西雅（公元前 792 至 740 年）进入一段短暂的繁荣时期。但此后亚述即展现出帝国主义的贪婪与暴力，公元前 745 年，在提革拉毘列色三世率领之下，亚述军队西进，北国以色列沦为亚述的属国，只保留住了撒玛利亚周围的小片区域。此后北国以色列不堪亚述帝国的沉重贡赋，试图反叛，招来公元前 724 年撒缦以色五世的围困，于公元前 722 年正式灭亡。

南国犹大也处于亚述帝国西扩威胁之下，但它通过交纳贡赋仍保持着独立的地位，并由于接受北部难民而迅速繁荣起来。但随着它的强大，公元前 8 世纪末期的君王希西家竟然加入由埃及挑唆建立的反亚述联盟，招致亚述军队的入侵。公元前 701 年，亚述皇帝西拿基立发兵征讨巴勒斯坦。犹大失去大部分国土，只保留住耶路撒冷周围的小片区域，在交纳了大量贡赋之后才得以苟活。

而在公元前 7 世纪的两河流域，另一场改变世界历史的事件正在上演。两河流域下游的迦勒底人开始挣脱亚述的统治，公元前 626 年，拿布波拉斯（Nabopolassar，公元前 658 至 605 年）成为巴比伦王。他与玛代人（Medes）联手，公元前 612 年攻陷尼尼微，公元前 609 年在迦基米施摧毁亚述余部，彻底终结了亚述帝国。巴比伦成为新的世界帝国。他儿子尼布甲尼撒二世继续西进，意图建立对整个古代近东世界的统治。犹大只能在两个可能性之间进行选择：倚靠埃及来对抗巴比伦；自愿归降巴比伦，沦为附庸。公元前 601 年，看到巴比伦在与埃及的战事中失利，当时执政的约雅敬将其视为一个摆脱巴比伦统治的机会,于是起来反叛巴比伦,招致巴比伦王尼布甲尼撒二世于公元前598年亲率大军进攻耶路撒冷,灭犹大国,其居民被流放到巴比伦,史称"第一次流放"。公元前593年,犹大王西底家试图再次反叛巴比伦,招来巴比伦军队的再次围城。公元前586年,耶路撒冷正式陷落。圣殿被拆毁,犹大国的中上层人物尽皆被掳至巴比伦,史称"第二次流放"。南国犹大至此灭亡。

5. 流放与回归时期

从公元前586至538年,圣经历史上称这段时间为"流放时期"。由于巴比伦帝国允许被流放的以色列人聚居在一起,以色列人得以仍然可以保存自己的文化和宗教。也就是在这一时期,以色列人对自己的宗教和历史传统进行整理,因此这是以色列圣经文本史上又一个重要时期。另一方面,以色列人在政治、经济上也采取了"融入"政策,一部分以色列人甚至成为当地的经济或政治领袖。在文化上,以色列人也对两河文明进行广泛而深入的学习,并将部分的巴比伦神话综合到圣经文本之中。

公元前539年,波斯帝国开始崛起。人们称公元前539至332年为"波斯时期"。波斯王居鲁士于公元前538年征服巴比伦,成为统治古代近东世界的新世界帝国。居鲁士的宗教和文化政策与巴比伦不同,以亲善和怀柔为主。他颁布法令,允许被掳至巴比伦的各国民众回归故土,波斯政府鼓励他们重建他们的圣殿和祭祀体系。波斯人称流放巴比伦的南国居民为"犹太人",这也是"犹太人"之名的由来。自此之后,流放巴比伦的犹太人分成几批回到耶路撒冷,重建圣殿,修建城墙,史称这段历史为"回归时期"。

重建的耶路撒冷圣殿被称为"第二圣殿",约于公元前515年修建完成。其后,文士以斯拉以"律法书"对回归群体进行宗教和社会整顿;而尼希米则以波斯帝国任命的犹大省总督身份回到耶路撒冷,修建城墙,使回归群体在政治上得以自治。自此,以色列历史进入"第二圣殿时期"。与此同时,一部分尚未回归的以色列人也以成型的圣经指导他们的生活,以"文士"(即圣经解释者)和散布的会堂作为宗教生活的中心,拉比犹太教逐渐从中发展出来。

◇ 思考题

1. 从以色列在古代近东世界中的地理位置，可以看出《希伯来圣经》与埃及和两河流域文化之间有何密切关系？

2. 详述巴勒斯坦地区的四个分区，并按其地理气候特征分析南北差异。

3. 以色列史与古代近东文明史之间有何关联？以色列人的历史境遇对《希伯来圣经》的神学思考有何影响？

📖 进深阅读

1. Aharoni，Yohanan，and Michael Avi-Yonah，Anson Rainey & Ze'ev Safrai，*The Macmillan Bible Atlas*，3rd ed.（New York：Macmillan，1993）

2. Bright，John，*A History of Israel*（London：SCM Press，1972）

3. Finkelstein，Israel，*The Bible Unearthed：Archaeology's New Vision of Ancient Israel and the Origin of Its Sacred Texts*（New York：Free Press，2001）

4. Laughlin，John C. H.，*Archaeology and the Bible*（London and New York：Routledge，2000）

5. Provan，Iain，V. Long，T. Longman III，*A Biblical History of Israel*（Louisville：WJK，2003）

6. Schniedewind，W. M.，*How the Bible Became a Book：the Textualization of Ancient Israel*（Cambridge：Cambridge University Press，2004）

7. Soden，Wolfram von.，*The Ancient Orient：An Introduction to the Study of the Ancient Near East*，trans. by Donald G. Schley（Grand Rapids：Eerdmans，1994）

8. Stern，Ephraim ed.，*The New Encyclopedia of Archaeological Excavations in the Holy Land*（Jerusalem：The Israel Exploration Society &

Carta，1993）

9. Wilson，John A.，*The Culture of Ancient Egypt*（Chicago：University of Chicago Press，1951）

10. 郭丹丹:《埃及与东地中海世界的交往》,北京:社会科学文献出版社，2011 年

11. 王立新:《古犹太历史文化语境下的希伯来圣经文学研究》,北京:商务印书馆,2014 年

第二章
圣经研究方法

　　无论在犹太教或基督教传统内,《希伯来圣经》都被奉为"神启经典",启蒙运动之前人们只能对它"尊崇奉读",对于其中的矛盾或晦涩也多采用"寓意解经法"进行化解。启蒙运动之后人们开始将圣经理解为一个凝聚古代以色列人或早期基督徒群体信仰—文化经验的文本,或者仅是古代西亚文化中的一部典籍,应该采用历史的、文学的方法对其进行研究,从而开启了对圣经进行多重研究和解释的道路。

　　圣经研究作为西方学术的"传统国学",时至今日呈现出"百花齐放、百家争鸣"的学术格局。那些传统的尊崇式神学释经法仍然保留着一定的地位,甚至在对现代圣经批判学成果加以一定程度吸收的基础上,发展出对现代批判学的再批判,如圣经神学、正典批判学等。另一方面，圣经的历史批判学也发展出众多的样态，并与社会学、文学理论、意识形态批判等结合在一起，构成现代人文学术的一个重要组成部分。简单来说，可以依照它们所关注的三个不同核心问题，对当代圣经研究进行归类。第一类核心问题是"圣经后面（behind）是什么？"它强调通过对圣经文本的研究，深入这些文本的历史世界，探讨文本的形成过程以及它所反映的各种社会力量的博弈。第二类核心问题是"圣经里面（in）是什么？"它强调圣经文本的自身实在性，认为不能把圣经文本化约为历史处境的产物，圣经文本所具备的文学和神学力量才是人们应该关注的焦点。第三类核心问题是"圣经前面（in front of）是什么？"它关注的不是圣经文本自身，而是"谁在读圣经？"在它看来，圣经的意义依读者而有差异，因此，圣经研究应该注重文本与读者（既指个体的阅读者，更指特定的信仰群体）之间的互动关系。以下分别对历史批判法、形式批判法、新文学批判法、社会科学批判法、女性主义批判法、正典批判法等做一简要介绍。

🔑 小知识　寓意解经法 ────────────────

寓意解经法的一个基本假设是圣经文本的意义乃在其字面之外。人们用这一方法来理解圣经，反映了圣经文本的两个内在张力，一方面是人文经典，另一方面又被尊奉为"神启圣意"；一方面是历史文学的叙事，另一方面又被认为包括着普遍的意义结构。因此，只有超越它的字面文本，才能读出圣经的精义。当圣经被另一个文化系统的人们阅读时，为了弥合不同文化传统的距离，寓意解经法被人们经常使用，著名的代表人物如斐洛、奥利金等。由于它常将不确定的"灵意"注入文本的阅读之中，所以当历史批判法兴起时，寓意解经法常常是第一个被批判的对象。

♥ 一 历史批判法

对圣经进行批判式研究可谓肇始于历史批判法，因此，历史批判法既可特指运用历史学的观念和方法对圣经进行的研究，亦常被用来泛指对圣经的一切批判式研究。由于《希伯来圣经》所跨越的历史时期超过千年，因此历史批判法经常被运用于圣经研究之中。当然，它也是《新约》研究的一种基本方法。

事实上，常被视为圣经批判研究之开端的威尔豪森（Julius Wellhausen）的"来源批判法"（source criticism）或"五经四源说"（JEDP Hypothesis），其研究理念和方法都可谓历史批判法。它以《希伯来圣经》之核心部分即五经之成典史，作为历史分析的切入点，通过对五经文本的历史分析，指出很多用传统的摩西作者论很难解释的地方。例如，《申命记》谈到了摩西自己的死亡；五经文本的内容有很多是迦南定居生活的反映，摩西未进入迦南，不可能书写这些文本；在五经叙事中有很多故事是重复出现的，诸如亚伯拉罕和以撒在外国君王面前称自己的妻子为妹妹的故事等；而且五经所用的文体非常丰富多样，不可能出自一个作者之手；五经中对上帝之名有着不同的称呼，有时称为"大能之神"（שדי，God Almighty），有时称为"上帝"（אלהים，God），有时又用专用名称"耶和华"（יהוה，YHWH）来称呼。因此，威尔豪森认为，五经是在历史中逐渐形成的文本，它最初实际上是四个分散的底本，即所谓 J 典、E 典、D 典与 P 典。J 典即以"耶和华"为上帝之名的部分，E 典即以"上帝"为神名的部分，D 典即《申命记》，P 典即前四经中以祭祀为主要内容的部分。JEDP 是它们形成的历史顺序，J 典成于王朝早期约公元前 10 世纪；E 典成于王朝晚期约公元前 9 至 8 世纪，产生于南北两国分裂后的北国；D 典产生于南国犹大王朝晚期或者流放时期（约公元前 7 至 6 世纪）；P 典产生于后流放时期（约公元前 5 至 4 世纪）。这一假说提出之后，逐渐成为五经研究的基本理论，并延伸到整个《希伯来圣经》研究之中，成为人们探讨《希伯来圣经》成典史和古代以色列史的出发点之一。

威尔豪森提出"五经四源说"的时间是在 19 世纪 70 年代，随着人们对整个古代西亚世界了解的深入，对《希伯来圣经》的历史批判也进入更深更广的领域。人们逐渐认识到，圣经所反映的文学、历史和神学思想属于更广阔的古代西亚文化的一部分，或者说它只是普遍的古代西亚文化在"犹大—以色列"这一族群身上的独特缩影。将《希伯来圣经》的历史批判与古代西亚研究进行对照，以古代西亚挖掘出来的"地下新材料"与圣经的"纸上材料"进行二重证据比较，成为圣经研究的一个显著潮流。

站在圣经研究这一角度，这些古代西亚材料常常被称为"经外文献"（extra-Biblical materials），主要包括：埃及象形文本；两河流域的楔形文字；在上埃及的阿玛拿发掘的埃及法老与巴勒斯坦诸属国之间的通信文书；在土耳其发掘出来的赫梯皇家文献；在乌

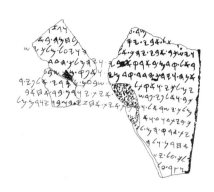

但城石碑

加列遗址发掘出来的公元前 14 至 12 世纪的迦南文献；死海古卷；在叙利亚的埃伯拉城（Ebla）发掘出来的古老西北闪族语言及其档案等。另外还有一些与圣经以色列史直接相关的材料，如刻有大卫之名的"但城石碑"（Dan Stele）；摩押王米沙自称摆脱暗利王朝统治的"米沙石碑"（Mesha Stele）；在北国都城撒玛利亚发现的陶片档案；在耶路撒冷发现的记载开凿水道的西罗亚铭文（Siloam Inscription）；刻有《民数记》6 章 25 节的公元前 6 世纪的银质护身符；在拉吉等地发现的南国晚期巴比伦入侵时期的通信陶片等。

米沙石碑

这些经外文献的发掘与解读为圣经历史批判提供了重要的对照或

旁证。首先,它超越了证实或证伪圣经叙事的单纯意义,大大开拓了人们的解释空间。在此意义上,经外文献正是一个"他者",能使圣经文本更全面地得以理解,并在彼此观照中丰富其视域。其次,这些经外文献可以帮助人们理解圣经历史叙事的性质。由于圣经文本的时空背景与今天有极大差异,若是单纯地局限于圣经自身,对于它的文体、叙事结构、所用词句、概念内涵都难有深入的把握。将圣经叙事放在古代西亚文化经典的总体处境之内进行解读,可以较好地解决上述问题。最后,这些经外文献的发掘与解读也有助于某些圣经文本的断代。圣经虽然在总体上采取了历史叙事的框架,但所述事件的发生时间与叙事形成时间并不保持一致。换句话说,关于古老事件的叙事未必古老,关于晚近事件的叙事未必晚近。只是倚靠文本分析,难以对圣经叙事的形成时间做出确定的断代。通过与经外文献的交叉阅读,则可以得到一个较为确定的断代。

简言之,把《希伯来圣经》理解为一个包含古代以色列人信仰—文化经验的历史文本,使得人们可以通过对圣经文本的研究,深入古代西亚世界,并以此来追溯圣经自身的文本史,这是历史批判学的基本内涵。此外,通过对《希伯来圣经》把历史、道德(律法)和一神信仰糅合在一起的方式进行研究,以此探讨犹太—基督教之为"历史信仰"(historical faith),进而对西方文化的历史观念产生深刻的影响,则属于把圣经研究与更深刻的历史哲学相结合的研究方法。

● 二 形式批判法

    威尔豪森以历史学开始对圣经的批判研究,并提出著名的"五经四源说",将五经的来源归为四个底本,并将圣经中的文本单元都划分为属于 JEDP 中的某个传统,一时几乎成为圣经研究的基本定律。但人们也逐渐意识到四底本说的严重问题,包括:一、把五经分成四个整齐的底本,十分粗糙和生硬,是对圣经文本的野蛮对待。二、圣经文本之间的彼此关联十分密切,神学意义就在于不同传统之间的渗透与对话,若将它们割裂开来,使之在历史中独立出来,恰恰遮蔽了圣经活生生的意义。三、由于上述原因,在"五经四源说"的内部,学者们对于一段文本到底属于 JEDP 中哪一个底本争论不休,无法形成定论,这使人们开始怀疑该学说的主观性和随意性。四、"五经四源说"所确定的 JEDP 四个底本的历史顺序,隐含着黑格尔的历史哲学和新教的神学偏见。威尔豪森把 P 典断代在最后的后流放时期,其深层神学动机是使基督教对犹太教、新教对天主教的反动具有圣经上的合法性。在他看来,先知是希伯来宗教精神的代表,因此,后流放时期形成的 P 典以及犹太教的制度化,是对先知精神的限制,是希伯来宗教的堕落。这样,按照黑格尔历史哲学的"正—反—正"历史螺旋模式,早期基督教耶稣和保罗对犹太教律法的反动,恰恰是回到了希伯来宗教的真精神。圣经宗教走到这里,正好经历了一次"否定之否定"的发展。这样,基督教通过反对犹太教,真正地回到了圣经的源头。在这一过程中,P 典对祭祀礼制、祭司制度的强调,也代表了这一历史轮回中堕落的一环,就此而言,新教对于天主教的礼仪、祭司制度的改革，当然也具有了经学上的合法性。

从学术史角度来看，在对威尔豪森的"五经四源说"进行批评的过程中，对圣经历史和文学的批判获得了进一步发展，最杰出的代表之一是龚克尔（H. Gunkel）。由他开创的形式批判法为圣经研究打开了更加宽广的天地。所谓"形式"（Form, *genre*），是指圣经文本单元所采取的特定文学形式，如崇拜《诗篇》、家庭教育、民间传说等，一个采用文学形式的单元将它自己从上下文中区别开来，使学者可以将整体的圣经文本"分解"开来。进一步来说，某种特定的文学形式反映了某种特定的社会场景（*Sitz im Leben*, setting in life），这样，对文本的研究又可深入到对古代以色列乃至西亚世界的社会历史研究。

龚克尔坚持历史批判法的基本原则，即圣经文本是人们的文学创造，反映当时人们的生活处境与思想趣味。但他认为不能将五经仅仅分成四个底本，而应分成更多更小的文学单元。划分这些文学单元的标准也不应只是上帝的名字，或者某种神学倾向，而应注重它本身的文学体裁和文学边界。如《创世记》就存在着丰富的文学体裁和单元，有诗歌、传说、传奇、叙事、推元学等。既然这些单元的文体是传奇、传说或诗歌，也就避免了人们从理性主义、历史主义角度来拷问这些文本的合理性或历史真实性的可能。

说形式批判法为圣经研究打开了更加宽广的研究天地，还表现在以下几个方面：一、它将人们的注意力从文学单元转移到其后面的社会生活处境。也就是说，在某个文学单元的后面，隐含着一个社会场景或制度。如《箴言》中多次出现的"我儿"这一称呼，表明智慧文学中家庭教育的社会场景；《诗篇》136 篇不断出现的"因他的慈爱永远长存"，表明它是用于崇拜礼仪中的启应经文；《诗篇》2篇表明它的君王登基的场景，从而代表以色列的王室神学。这样，文本研究就得以与社会史研究互动起来。二、它深化了人们对于圣经文本的单元与整体之间关系的理解。按威尔豪森，五经被粗暴地分割成几个不同底本。但是形式批判法根据对某些圣经单元的考察，发现它们具有明显的口头流传的痕迹。这意味着它们在文本化之前，先以口传方式在民间流传，而口头文学的边界是相对流动、模糊的，在口头流传的过程中，不同传统之间的融合更容易，也更细致。换句话说，某些会被威尔豪森分割到几个底本中的一个文学单元，可能在它们文本化之前的很长时间，就已经在人们的口传中融合在一起，成为一个整体，因而不能简单地按照不同的神名将其分成几个底本。三、形式评断学将圣经分成丰富的文学单元，打开了希伯来文化与古代西亚文化之间的比较研究。19世纪以来，西方学术界挖掘、破译了大量古代西亚文献，它们在内容、文体上都与圣经的创造故事、洪水故事以及崇拜礼仪较为相似，将它们与《希伯来圣经》进行比较，可以加深人们对圣经文学和思想的理解。

　　由于形式评断学对三者的兼顾，即文学敏感、社会意识和文化比较，使得今人对圣经的研究几乎都要从它开始，它已经成为当代圣经研究的经典方法之一。以形式批判法为基础，还发展出一种被称为"传统史"（Tradition History）的圣经研究方法。这里所谓的"传统"，不单指一个历史的过去事件或文本，而是包含着三个同时存在的要素：文本（text，包括口传的与书写的）、群体（community）与事件（event）。它指的是讲述群体所经历的事件，以及群体对这个事件的记忆和理解的文本。

　　传统史方法运用了形式评断学的两个因素：文本单元及其社会处境，但又不满于形式评断学只是把圣经文本肢解为零碎单元，而是引入历史维度，在历史的发展中处理不同文本，将圣经文本理解为不同"传统"之间的融合。例如，传统史研究的代表人物之一冯拉德（Gerard von Rad）通过对《申命记》26章5至9节的研究，指出这是以色列人早期历史的一段历史信仰，《约书亚记》24章、《尼希米记》9章等亦是如此。它们都有崇拜礼仪的场景，具有严肃性、公共性、神圣性。但早期的历史叙事中却缺少西奈立约的叙事。这表明某个时期的以色列人的信仰经验中只知出埃及，不知西奈立约。后来，以诫命为文体的西奈律法（出19章至民10章）插入到叙事文体的出埃及传统中，才完成了两大传统的融合。

　　另一位传统史研究大师诺斯（Martin Noth）认为，五经的几大主题，如应许、出埃及、西奈立约、旷野流浪、征服迦南等，都代表着古代以色列人的不同思想传统。它们是在后来才逐渐合流为以色列人的历史经验。

　　需要说明的是，传统史方法不仅是一种圣经批判学，而且常常转化为一种圣经神学的方法。它扬弃了历史批判学、形式评断学对原初文本的强调，转而强调圣经文本成典的后期阶段。它不是强调对圣经的"分"，而是强调对文本的"合"。因此，它经常通过对圣经文本的整体性强调，认为在圣经中存在一个连贯的、统领的神学主题，从而将圣经研究转化为神学体系的建构。

◆ 三 社会科学研究法

如上所述,考古学已成为圣经研究的一个重要学术资源,但它的意义通常需要与社会学方法联系在一起才能充分显示出来。大致来说,社会学的圣经研究方法有两个层次的运用。首先,它以圣经中的以色列古代社会为直接研究对象,包括它的社会制度、变迁方式、宗教与社会的总体关系、与西亚古代社会的比较等。它需要人们对于文本的敏感,但更需要考古学的证据。在这种研究中,同样面临着关于以色列社会制度的特殊性与普遍性的研究。例如,摩西五经中的诸多习惯法便可在古代西亚文化如《汉谟拉比法典》中找到相当的对应,这是它们之间的相同性;而以十诫形式表现出来的绝对法,又似乎是希伯来宗教所特有的。它还可以通过对古代西亚某些社会制度的考察,来反观《希伯来圣经》中的宗教观念。例如,通过对西亚社会立约制度的引证,来分析希伯来宗教的"圣约"观念等。

其次,它还可以用某些社会学理论来诠释圣经文本,从而打开圣经诠释的新视野。通常,这类研究的一个基本理论前提是,宗教是一种社会意识形态,反映了某一类群体的社会主张和利益诉求。例如,以孟德海(G. E. Mendenhall)与哥特瓦德(N. Gottwald)为代表的学者,以马克思主义的阶级斗争理论来理解以色列民族的形成,认为耶和华崇拜是处于社会边缘的游民整合自己的一种意识形态,耶和华作为解放者的神学形象,其实质是这些受压迫民众的社会要求。他们的这些研究为人们理解以色列人的起源、耶和华信仰的社会本质等提供了新的角度。

总体而言，这样的研究方法都是带着意识形态主张诠解圣经，带有一定的局限性。在社会学理论模型与考古研究、文本证据之间也会存在一定的矛盾。但是，它们常能提出人们未曾想过的问题，注意到一些常被边缘化的文本，并正视其中的问题，从而给人带来新颖的启发。

⬙ 四 女性主义批判法

广义而言，女性主义的圣经研究可谓社会科学研究法的一支，它将社会学的性别意识引入到圣经文本的研究之中。由于它关注的是女性在圣经中如何呈现和表达，进而从女性主义角度对圣经进行评判，它也常被称为意识形态的圣经研究（ideological criticism）中的一支。

女性主义对于圣经的批判研究有两种：一种是在尊重圣经权威的基础上，消解那些圣经中带有男权主义倾向的经文，或者去发现圣经中那些赞扬女性英雄或用女性语言来比拟上帝的经文。例如，《创世记》声称女人是由男人的肋骨所造，女性主义者解释说，肋骨正处于人的中间位置，既不高一点，也不低一点，正说明男女的平等、互补关系。对于先知书中大量贬斥女性的经文，他们认为其只有历史性，而没有神学性，因此不具有对于当代的规范意义。对于圣经中将上帝隐喻为某种女性角色的经文，女性主义也十分喜爱。那些以女性为主人公的篇章，如《路得记》、《士师记》等,也是女性主义经常加以引申或注释的经文。

另一些女性主义则认为圣经成书于男权主义社会,不可避免地带有男性中心主义的色彩,女性处于受压制的地位,因此经文的权威性、规范性都应该在女性主义的眼光下被审视。他们对于经文的态度是批判性的,甚至主张将那些压制女性的经文从圣经中删去。他们认为,圣经中内在地压制女性的内容,可能会成为压迫人的工具,因此应把那些带有男性主义的神话从圣经中剔除出去,女性才能得解放。例如《以西结书》23 章,先知以西结用两姐妹被轮奸的形象,来隐喻南北两国因为不忠不信而遭遇历史惩罚,其暗含的假设就是正如两国之遭惩罚是罪有应得,女性在以色列社会中遭到那样的惩罚也是理所应当的。所以,女性主义者称这样的文本是"对女性的恐怖"或"对夏娃女儿的放逐"等。

总之,作为现代学术潮流最强音之一的女性主义,从性别学的角度深刻地影响到人们对于圣经的理解。女性主义批判法与历史批判法、形式批判法结合在一起,代表了当今圣经研究中不可或缺的路向。

◎ 五 正典评断学

上述方法都强调将圣经文本放在历史、文化处境中进行研究,重视其"本来意",但对大多数圣经读者来说,圣经并非只是一个历史文集,只有"过去式",而更是一个对当下生活有规范意义的"神言",是永远的"现在式"。因此,理解圣经文本的历史文学处境只是圣经研究的起点，而非终点。人们希望从圣经中找到当下的生活意义，因此，寻求圣经文本的衍生义即神学意义，也始终是当代圣经评断学的强烈脉动。

寻找古代文本与当下生活的关联，将历史经验转化为每一代人都可获得的精神资源，不断将"古代文本"拉入到现代生活之中，也是圣经历史中信仰群体的文本实践。在此意义上，神学释经学乃相合于历史评断学。在先知传言中，先知们对历史经验的回忆总是会归结为"现在"，要求听讲的信仰群体当下做出回应。例如在《申命记》中，摩西的临终遗命就是一个通过回忆历史来呼唤信仰群体做出当下抉择的经典文本，"现在"这个词不断在摩西讲演中回旋。在第二以赛亚书中，先知对回归故土的盼望也是建立在出埃及的历史经验之上，从流放地回归巴勒斯坦被理解为"第二次出埃及"。

在圣经信仰群体的文本实践中，我们不仅看到历史经验不断被拉入到现在生活中，而且还可以看到一个历史经验不断累积、堆聚的潮流。正如传统史家们所注意到的，早期以色列人历史记忆的核心是出埃及，并没有西奈传统。但是，正是由于信仰群体不断把历史经验拉入到当下生活处境之中，所以多样的"过去"得以集聚在一个"现在"之中。西奈立约、先祖应许、远古历史、天地创造等主题，北国的摩西（圣约）传统和南国的大卫（圣殿）传统，智慧传统与创造传统等都汇聚在一起，共同构成一个整体的、作为神启文本的圣经。

如果说历史批判学的取向是回到圣经文本的"最初形式"，表现为"分"的潮流，那么神学释经学采取的就是一种"合"的取向。

20 世纪 50、60 年代，以赖特（G. E. Wright）为代表的"圣经神学运动"（Biblical Theology Movement）是这一取向的典型代表。他试图以"上帝在历史中的行动"来整合圣经神学。各种以神学字典的方式、以希伯来的核心概念为对象的研究，大致也都属于这个范畴。自 70 年代之后，以蔡尔斯（B. Childs）为代表的正典评断学（Canonical Criticism）则是新的代表。

有趣的是，"正典评断学"本身是一个矛盾的概念，因为"正典"意指圣经是某个信仰群体所拥有的边界清晰的整体文本，是一个信仰层面的概念；而"评断学"则是将圣经视为一个历史文化产物，是分析研究的对象，是一个学术理解的概念。所以，蔡尔斯自己并不认同这个名称，说"把它称为一种评断学，好像它对待正典的态度，就像其他的历史批判方法一样，以至于与底本说、形式批判学、历史批判学并列在一起"。[1]他将正典评断学视为对威尔豪森以来的历史批判法的超越。在此意义上，它是对前现代的圣经观的回归，即圣经首先是"神启圣典"，其意义是为了信仰群体的塑造。

正典评断学强调的是圣经文本的"最后形式"（final form）。一段文本的意义，要放到当下的信仰群体所持有的正典整体之中。文本的正典处境比它的历史处境更重要。一段文本的意义乃在于它与正典的其他文学单元之间的关联，或者更广义地说，乃在于它与当下的信仰群体的意义世界之间的关联。以《出埃及记》15 章为例，这首"红海之歌"的意义不在于它所借助的迦南文化形象，更不在于历史时空中的"红海岸边发生了什么"，而在于

1　B. Childs, "The Canonical Shape of Prophetic Literature", *Interpretation* 32（1978），54.

它在整个五经叙事中的枢纽作用，即它对出埃及的拯救事件做出了创造论意义上的解释。

　　大致来说，在正典评断学的内部有两种不同的取向。一种是以蔡尔斯为代表，强调正典的"最后形式"；另一种则是以桑德斯（J. Sanders）为代表，更强调"正典过程"（canonical process）。前者的目标在于提供一种使圣经作为信仰群体的神启经典更具活力的方法，而后者则重在分析圣经如何在古代世界被理解为"正典"，以及各传统如何汇聚在一起，为今天人们理解其内涵提供更丰富的素材。

　　相对来讲，桑德斯对于历史批判法更为接纳和包容。所谓的"过程"，指的是塑造正典的过程，它不仅指历史最后一刻即公元 1 世纪以色列人确定圣经的过程，更指在古代以色列人的历史中，人们不断地重复并发展某种"信仰"的过程。它广义地指从最初信仰群体的形成到正典确定这样一个漫长的过程。它包含三个最基本的要素，即传统（或文本化的正典）、社会处境、将前二者联结起来的解释学。其中，正典与群体之间的互动又是核心。而且，他认为，所谓"群体"实际上是被正典塑造了的群体，因此，正典与群体的关系，实际上表现为正典与正典的关系。所以，圣经研究不是要像历史批判法那样去寻找"正典中的正典"，而是要去分析"正典之间的关联"，即所谓"文本间性"（intertextuality）。

　　不应将正典评断学看成是评断学（criticism），它更倾向于成为一种解释学，甚至是作为"神学前言"的解释学。他们所强调的"过程"，也不仅仅是客观意义上的时空流动，而是一个有机、有目的、展现上帝意志的历史。正典评断学也毫不隐晦地将"圣灵"的概念引入到其对"正典过程"的理解,桑德斯说:"对圣经的历史研究,应该被理解为对圣灵如何在圣经历史中所有更早的'当下'(all the earlier 'nows')之中活动的研究。"[1]这里包含两个基本意思:一、对于信仰群体来说,每一个历史时刻都是"当下",但这个"当下"又是接续着传统的"当下","当下"就形成于他们接受的权威文本即正典与信仰群体的互动之中。二、将所有这些"当下"统一整合起来的是"圣灵",或者说是上帝的意志。所以,正典评断学的志向似乎要比历史批判法更远大。它着眼于文本,又超越文本,是一门试图走向"圣灵"的历史神学。

六 比较经学

随着基督教在全球范围的广泛传播,圣经越来越走出西亚、欧洲,成为世界宗教文化多样性的一员。尤其是在进入亚洲之后,人们开始注意到那些与圣经几乎同样古老、同样对文明产生巨大影响的经典,如印度教《吠陀经》、《薄伽梵歌》和儒家的五经等。与此同时,随着东方族群向欧美移民以及东方宗教在西方的传播,上述这些亚洲文化经典也成为西方人观照圣经的一个参照系。因此,在圣经与这些本土经典之间进行比较性对话,逐渐成为一种较有影响的圣经研究方法。

从某种意义上说,比较经学是现代圣经批判学诞生以来人们

---

1 J. Sanders, *Canon & Community: A Guide to Canonical Criticism* (Eugene, OR: Wipf & Stock Publishers, 2000),20.

研究圣经的一个基本方法论前提。启蒙运动和理性主义使人们不再将圣经理解为"神启文本",而是记载古代以色列和早期基督教信仰群体宗教经验的作品,因此可以用历史的、比较的方法对圣经展开研究。这已经内在地包含着用比较的视角来研究圣经,即它是不同时间或空间内的信仰群体的宗教经验,圣经文本可以被拆分为不同的信仰传统。将它们放在一起来比较,就能看到圣经内部的多元光谱,不同的神学倾向或信仰表达。从更深一层来看,这样的研究方法隐含着两个多元宗教观前提:一、古代以色列或早期基督教信仰被理解为多元宗教中的一支,再也不能如前批判时期简单地将非犹太—基督教传统斥为"异教"。二、其他宗教传统可以成为人们反思或理解圣经的一种资源。这两个前提也正是那些主张在圣经与其他文化经典进行比较性对话的人们所坚持的。

强调要在圣经与中国宗教的本土经典之间进行交互式阅读的代表人物之一是李炽昌。他提出"跨文本阅读"(Cross Textual Reading)的圣经研究法,即包括中国在内的亚洲经典可称为"文本 A"(Asian text),圣经经文可称为"文本 B"(Biblical text)。具体到中国处境下的圣经研究,就要在两个文本之间互读,最终"达到两者之间的创造性整合或丰富彼此内涵的转化"。

考虑到犹太—基督教经学与中国各宗教传统(尤其是占据中国文化主流地位的儒教)之经学同为世界文明中两个最为悠久的经学传统,中国处境中的圣经研究不仅要在圣经文本与中国宗教经典之间进行"跨文本阅读",还应该发展出一种在这两大经学传统之间进行比较和对话的"比较经学"。它大致可分为四个次级领域：一、本经学比较。它是对权威文本，如基督教之圣经，儒家之十三经等经典自身的研究。儒家与基督教在本经研究上的一些方法，如音韵、版本、训诂等，可以进行相互比较与借鉴。当代圣经研究较为成熟的一些方法，如传统史方法、女性主义释经学、社会科学研究法，也可对中国宗教经典研究有所启发。二、经学史比较。圣经、儒家经典都与人类知识的其他领域如神哲学、文学等发生密切关系，并受到一般性的政治文化背景的深刻影响，经学大师也都是思想文化史上的重要人物。将这些经学史现象放在一起比较，将深化人们对彼此的理解。三、经学诠释学比较。经学在东西方宗教中都是核心学问，人们在对经典的诠释实践中发展出各种神哲学或社会政治思想，形成了丰富的诠释学理论。对它们进行比较，对于构建中国式或基督教式的诠释学理论将大有裨益。四、东西方各自的比较经学史。如果以比较经学的概念反观基督教与中国宗教的历史，实际上可以发现其中存在一条隐约的比较经学的线路。在基督教历史上，犹太教、基督教与伊斯兰教之间的比较与互释，并非近代才出现的潮流，而是早在两约时期、中世纪就已有呈现。在中国历史上，儒释道三者之间的激荡、比较与融合是中国宗教的一个主流。随着天主教和基督教的东传，中国基督徒也开始了他们的"比较经学"实践。

　　就其学科性质而言，"比较经学"蕴含着介于人文学与神学之间的内在张力。首先，它是一般的人文学的一支，类似于比较文学、比较宗教学。在这一层面上，可以将其简要定义为："比较经学并不仅仅是把某个经学传统与另一个传统进行比较，而是在研究某一个经学传统时，比较经学能够提供扩大研究者视野的方法——使他能够超越单一宗教的经学传统的界限，去考察不同宗教经学传统的潮流和运动，并认识经学与人类活动其他领域之间的种种关系。简而言之，比较经学可以诠释为通过一个以上的经学视野来进行经典研究，并研究经学与其他知识之间的关系。"在此意义上，人们为比较宗教学或比较文学设定的学术宗旨，亦可适用于比较经学，诸如对异文化的了解、寻求与其他宗教传统的应和、扩展不同宗教传统的精神世界、使参与比较的各方都能更深切地理解和反思自身等。

但是，比较经学也可以是一种特殊的神学研究。也就是说，比较经学不只是为了更深入地了解其他宗教的经典传统，也不只是为了宗教间对话，而是从其他宗教的经典传统中寻找到有益于基督教经学的资源，进而推动当代神学与经学互动，提升基督教对现代问题回应的能力。它的目的是做基督教的经（神）学，只不过是以比较经学——即与中国宗教经典传统相比较和对话的方式——去建构基督教知识系统。它既植根于基督教传统，又服务于该传统。在这一层面上，也可以对比较经学做一个神学性质的定义："比较经学尝试通过其他宗教经典传统的资源来探讨基督教信仰的意义。它出入于基督教经学与另一种经典传统，一方面对基督教有一定的委身，另一方面又真诚地投入到另一个宗教的经典传统之中。但其目的是学习另一宗教的经典传统，并以此来发现、重建或加强基督教理解圣经、基于圣经建构神学的能力。"在此意义上，它是一种"基督教的"比较经学，其比较的立场与目的是为了使圣经传统真正活在中国文化的处境之中。

可见，比较经学是一个介于人文学与神学之间的学科。就前者而言,它是一种比较宗教学或信仰对话,是"照着讲";就后者而言,它又是深化圣经传统的信仰理解,是"接着讲"。它是一个居间的学术实践,并不试图去消解它自身的内在张力。它既远离宣教式的释经学,也不同于单纯的圣经批判学。首先,它是一个多元化的学科,致力于与其他宗教的经典传统进行对话;其次,它是一个自我批判的学科,以其他宗教的经学传统为参照,不断地检审自己的学术渊源;最后,它也是一个开放的学科,准备接受其他有益的经学传统,甚至修正或转化自己的信仰体系。

◇ 思考题

1. 试对历史批判法做一定义,并分析其作为圣经研究方法的优缺点所在。

2. 传统史方法的代表人物是谁？它在圣经学术史上有什么意义？

3. 试析圣经研究在中国处境下的可能开展途径,并评述比较经学的优缺点所在。

📖 进深阅读

1. Childs，B.，*Introduction to the Old Testament as Scripture*（Philadelphia：Fortress Press，1979）

2. Childs，B.，*The Book of Exodus*（Philadelphia：Westminster，1974）

3. Childs，B.，"The Canonical Shape of Prophetic Literature"，*Interpretation* 32(1978),46 – 55.

4. De Vaux，Roland，*Ancient Israel：Its Life and Institutions*，trans. by John McHugh（London：Barton，Longman and Todd，1961）,中译本见罗兰德富:《古经之风俗及典章制度》,杨世雄译,台北:光启出版社,1980 年

5. Gottwald，N.，*The Hebrew Bible：A Socio-literary Introduction*（Philadelphia：Fortress，1985,2003）

6. Gottwald，N.，*The Tribes of Yahweh：A Sociology of the Religion of Liberated Israel*，1250 – 1050 BCE（Maryknoll，N.Y.：Orbis，1979）

7. Gunkel，H.，*Genesis*，3rd ed.，trans. by Mark E. Biddle（Macon，Georgia：Mercer University Press，1997）

8. Gunkel，H.，*The Psalms：A Form Critical Introduction*，trans. by Thomas Horner（Philadelphia：Fortress，1967）

9. Levenson，J.，"The Hebrew Bible，the Old Testament，and Historical

Criticism", *The Future of Biblical Studies: The Hebrew Scriptures*, ed. by R. E. Freidman & H. G. M. Williamson (Atlanta: Scholars, 1987)

10. Mendenhall, George E. , *The Tenth Generation: The Origins of the Biblical Tradition* (Baltimore: John Hopkins University Press, 1973)

11. Mowinckel, S. , *The Psalms in Israel's Worship*, trans. by D. Ap-Thomas (New York: Abingdon, 1962)

12. Muilenburg, J. , "Form Criticism and Beyond", *Journal of Biblical Literature*, 88(1969), 1 – 18.

13. Noth, Martin, *A History of Pentateuchal Traditions*, trans. by B. W. Anderson(Chico, CA: Scholars Press, 1981)

14. Sanders, J. , *Canon and Community: A Guide to Canonical Criticism* (Philadelphia: Fortress, 1984)

15. Trible, Phyllis, *God and the Rhetoric of Sexuality* (Philadelphia: Fortress, 1978)

16. Tucker, G. , *Form Criticism of the Old Testament* (Philadelphia: Fortress, 1971)

17. von Rad, G. , *Old Testament Theology* (New York: Harper & Row, 1962,1965)

18. von Rad, G. , *The Problem of the Hexateuch and Other Essays* (New York: McGraw-Hill, 1966)

19. Wellhausen, J. , *Prolegomena to the History of Ancient Israel* (Edinburgh: A. and C. Black, 1885),德文版为 1878 年,英文再版于 1973 年 (Gloucester: Peter Smith, 1973)

20. Yee, Gale A. , *Poor Banished Children of Eve: Woman as Evil in the Hebrew Bible* (Minneapolis: Fortress, 2003)

21. 李炽昌编:《亚洲处境与圣经诠释》,香港:基督教文艺出版社,1996 年

22. 游斌:《论比较经学作为汉语基督教经学的展开途径》,载《道风:基督教

文化评论》34（2011），第255－271页。

23. 游斌:《走向汉语学术的基督教经学》,载《道风:基督教文化评论》31（2009），第43－64页。

第三章
五经总论

　　由于五经在圣经中的基础地位，它在犹太—基督教传统内常被称为"圣经中的圣经"。在这一章里，我们先来看看五经在圣经中的地位与意义、主要内容和文本结构，再来看看五经研究如何成为圣经研究这一学科的学术史缩影，最后再从总体上来分析五经中的神学主题。

♀ 一 五经的地位与意义

　　五经得名自希腊文 Πεντε（五）和 τεύχωϚ（卷），指圣经起首的五卷书，即《创世记》《出埃及记》《利未记》《民数记》与《申命记》。传统上，人们认为摩西是五经的作者，故称其为"摩西五经"。在犹太教中,五经又被总称为"妥拉"(Torah,意译为"律法书")。

从圣经内证来看,"律法书"被奉为权威经典的时期较早。按《列王纪下》22至23章,公元前7世纪晚期的约西亚改革中,律法书就扮演着宗教—政治改革之宪章的角色。通常认为,这里所谓的"律法书",就是五经中的《申命记》。在流放群体回归耶路撒冷时,以斯拉与尼希米对犹太社群进行宗教与政治重整时,律法书直接被称为"上帝的律法书"(尼9:3),成为后流放群体的生活总指导。这时的律法书很可能就是五经的雏形。在耶稣生活的公元1世纪,律法书已经明确成为圣经的一部分,在耶稣与其弟子的对话中,"律法与先知"多次并提,分别指《希伯来圣经》中的"律法书"和"先知书"。[1]这一时期犹太教之撒都该派认为,只有五经才是神圣经典,其他如先知书、《诗篇》等杂集,均被排斥在圣经之外。

犹太教传统上称五经为"妥拉"。虽然它亦被称为"律法书",但它来自于动词词根"教导"(teach),因此它实际包含更广的意思,即关于正当生活的教导,既包括理论上的宇宙论和伦理实践上的法则,也包括族群的起源记忆和对理想人格的描述等。因此,五经实际上被视为一个整体,而非五册不同的书。它被分成五卷,可能来自于一个很实际的技术问题,即古代卷轴的长度不宜于将它们合为一卷,因此不得不拆分为五卷。

五经之所以在犹太—基督教传统中享有基础与源头的地位,

---

1 如《马太福音》5:17,7:12,22:40;《路加福音》16:16 等。另参《使徒行传》13:15,28:23;《罗马书》3:21。

一个原因就是这五卷书的内容非常根本。它解释了上帝的子民即"以色列人"在历史和宇宙中的来历、他们与上帝的关系、他们应具有的理想状态等。如果将圣经称为规范信仰、规范群体之书，那么，一切规范的规范即在五经之中。它的第一部书《创世记》，其希伯来书名בראשית来自于它的第一个字母，意为"起初"，但希腊文用全书的内容概括来命名书卷，故称"创世记"。它可分成三个大部分：一、1至11章被称为远古历史，讲述了上帝创造宇宙和人类，以及普遍的人类历史的开展。它集中阐述了圣经传统对上帝的本质、创造的来历、人在宇宙中的地位、人神关系之性质的理解。它既可称为从12章开始的以色列历史的序幕，也可被理解为以色列民族史的普遍目的与意义。二、12至36章讲述了三位先祖的故事。它分别包括12章1节至25章10节的亚伯拉罕故事，25章11节至26章35节的以撒故事，以及27至36章的雅各故事。圣经中的这些先祖故事，经过一代又一代的讲述以及历史记忆的层累，已经不仅仅是这些先祖个人的事迹，而是沉淀着以色列人对于理想人格、民族性格的理解，甚至投射出以色列人与古代近东其他人群之间的彼此关系。三、38至50章讲述了约瑟的故事。它以类似于智慧文学的风格，述及约瑟和以色列人的其他支派进入埃及生活的经历。

五经中的第二部书是《出埃及记》，其希伯来书名为שמות，取自第一句话"他们的名字"，希腊文书名是对全书的内容做出的概括。它讲述了摩西如何被耶和华上帝呼召，带领以色列人逃离埃及的经过。《出埃及记》的文体和主题均十分驳杂，可按不同的标准将它们分成不同的部分。第三部书是《利未记》，其希伯来书名为ויקרא，取自第一句话，意为"他呼叫说"，希腊文书名则按利未支派被定为祭司群体的内容称它为"利未记"。其内容主要是关于以色列人如何遵守祭祀、道德和日常生活中的礼仪，得以成为一群"圣洁之民"。第四部书是《民数记》，希伯来书名为במדבר，取自书中第一句话，意为"在旷野"。其内容是关于以色列人离开西奈，前往应许之地的经过。它讲述了以色列人为应对与其他民族的冲突而举行的人口清点，以及在途中一系列的悖逆、受罚和得赦免的事件。第五部书是《申命记》，其希伯来书名为דברים，意为"话"，希腊文书名则取《申命记》17 章 18 节之意，称之为"又一本律法书"。该书采用摩西离世之前告别演说的形式，重述历史，劝勉以色列人遵守与上帝所立之约，因此可称为前面儿部书的凝练总结。

这里对五经的基本内容做一总结。其中，《创世记》讲述了宇宙和人类的起源，以及以色列人的族源；《出埃及记》讲述了以色列民族的形成经过，以及耶和华与以色列人建立约的关系；《利未记》侧重于上帝的子民如何通过礼仪和生活来表现在上帝面前的圣洁；《民数记》记载了以色列人的失败、悖逆以及上帝的医治；《申命记》强调神人圣约的不断更新。

🎵 小知识　四经、五经与六经 ————————————————

按经典的摩西五经作者论的观点，五经作为一个整体，构成整部圣经的基石。但是，按现代学者诺斯（Martin Noth）的观点,《申命记》构成后面从《约书亚记》到《列王纪》(即历史书)的神学宪章,它应该被归入历史书,整体上构成"申命记历史"或"申典历史"(Deuteronomic History)。这样,五经实际上就只是四经。事实上,《民数记》最后的归纳,即"这是耶和华在摩押平原、约旦河边、耶利哥对面,藉着摩西所吩咐以色列人的命令、典章"(民36:13),也构成前面四部经书的恰当结尾。这就是所谓"四经"独立成典的说法。

所谓"六经",来自另一位圣经研究大师冯拉德(Gerard von Rad)。他认为,《创世记》的先祖故事中一个基本主题是"应许",但是到了《申命记》,以色列人仍然在旷野流浪,直至《约书亚记》攻占迦南,应许才得到实现。而且,《约书亚记》有意识地以埋葬从埃及带出的约瑟骸骨作结(书24:32),对应的正是《创世记》中的先祖主题。因此,从《创世记》到《约书亚记》,这六卷经书构成了一个文本整体,即"六经",它们的主要内容覆盖着从先祖故事到征服迦南这一段时间。同时,在神学上,《约书亚记》的主要内容即征服迦南,乃构成《创世记》中耶和华对亚伯拉罕的应许的实现,从而呼应为一个整体。六经在神学整体上更为显著,几乎融贯了所有的圣经神学主题,如创造与拯救、出埃及与西奈、圣约与律法、应许与实现等。

至于五经与圣经其他书卷之间的关系,是一个非常复杂的课题。其中,某些五经故事成为历史书与先知书中持续、根本的主题,如出埃及故事,两位公元前8世纪的先知,即阿摩司与何西阿,都以它作为言说上帝与以色列人关系的根基性历史事件。[1]再如,《出埃及记》中的十诫律法,也成为先知批判以色列人的神学与道德依据。[2]但是,某些五经中的突出主题在历史书与先知书中却有缺失。如亚伯拉罕在五经中被称为以色列人的族源,但在先知书中,雅各却占据着比亚伯拉罕更为显著的地位。在先知书中,有 7 次谈到亚伯拉罕,[3]3 次谈到以撒,[4]但谈到雅各却多达 87 次。再如《创世记》将人称为"上帝的形像"这一主题,在历史书和先知书中也基本上是缺失的。而五经的创造、救赎、立约和祭祀等主题,在被称为"智慧文学"的《约伯记》、《箴言》和《传道书》中,则基本上付之阙如。这种现象向人们揭示:五经中的某些主题并不必然地早于圣经其他书卷,五经本身也经历了一个历史和文本层累的过程。

▼ 二 五经研究学术史

近代以来的圣经学术史就是从五经研究开始,如对摩西五经作者论的批判。犹太—基督教传统上均称摩西为五经作者,这不仅是由于摩西在五经中的突出地位,而且由于圣经多处内证其作

---

1 见《阿摩司书》2:10,3:1,9:7;《何西阿书》11:1,13:4。
2 阿摩司对于北国以色列人的谴责,大量地借用了《出埃及记》20 至 23 章的律法传统,如对父亲为子择妻的规定(21:7-9),对应于 2:7 对父子与同一个女子行淫的批判;不可放债给穷人(22:25),对应于 2:6 的以债务使人为奴;不可向穷人取利(22:25),对应于5:11的践踏穷人;关于穷人当衣的规定(22:26-27),对应于2:8的占用穷人的衣服;在司法上公正(23:6-8),对应于屈枉司法(5:10,12);公平交易(民 25:13-16),对应于奸恶贸易(8:5)。
3 分别是《以赛亚书》29:22,41:8,51:2,63:16;《耶利米书》33:26;《以西结书》33:24;《弥迦书》7:20。
4 分别是《耶利米书》33:26;《阿摩司书》7:9,16。

者身份,如《出埃及记》24 章 4 节和 7 节说到摩西把"耶和华的命令都写上";34 章 27 节说摩西记下十诫;17 章 14 节与《民数记》33 章 2 节谈到摩西写下;《申命记》也多次谈到摩西将律法写下来。因此,犹太—基督教传统几乎将摩西与五经等同称呼,一如"老子"之与《道德经》。[2]

进入现代后,人们对摩西五经作者论开始怀疑。霍布斯和斯宾诺莎认为,摩西不可能是全部五经的作者。人们的怀疑理由包括:一、摩西不可能写到自己的死亡。按《申命记》34 章 5 至 8 节,摩西死在摩押地,以色列人为其居丧哀哭,这不可能是摩西本人所写。二、五经中的律法规定反映出定居或城市生活的背景,不可能是尚在旷野流浪中的以色列人的生活经验。三、在五经律法中存在着很多重复,甚至矛盾之处,反映出不同时期的生活规范,不可能由摩西一人所作。四、五经中的上帝名称存在诸多差异,可能来自于不同的宗教派别或社会人群。五、五经用词、文体和主题均十分驳杂,不大可能出自一人之手。

自 19 世纪下半叶以来,摩西五经作者论受到严重挑战,并由此引发对圣经的历史和文学批判研究。其中最显著的学说就是威尔豪森的"五经四源说",亦被称为"底本假说"(Documentary Hypothesis)。按这一假说,五经是由四个来源不同的底本组合而成。这四个来源分别按它们的西文单词首字母而被称为 J、E、D、P。所谓 J 底本形成于公元前 10 世纪的南国犹大,因其称上帝为

1　分别参《申命记》31:9,19,22,24。
2　如《塔木德》将圣经起首五卷称为"摩西的书";在《新约》中,"摩西和众先知"即指五经和先知书,参《路加福音》24:27,44。

"耶和华"(即 Jehovah)而得名。其叙事风格简朴,神人之间的交流是直接的,以拟人化方式描述上帝,诸如"上帝在园中行走"、"用皮子做衣服"等。E 底本得名自 Elohim 的上帝名称,形成于公元前 9 至 8 世纪,其目的是为了纠正 J 底本,反映的是北国的旨趣。它所理解的上帝是威严的,避免用拟人化的方式表达上帝。它的文体多为散文,文笔较生硬和拘谨。

按"五经四源说",在亚述征服北国以色列(即公元前 8 世纪)后,JE 逐渐结合成为一个新底本,反映为圣经将神合称为"耶和华上帝",其历史背景可能与北部以色列人涌入南部有关。公元前 7 世纪中叶(即约西亚为犹大国王前后),人们试图以宗教政治改革来应对国家危机,于是出现"申命记改革",其宪章就是《申命记》。这一改革的目的是为了纯洁信仰(purification)和集中崇拜(centralization),强调要在"耶和华所选择要立为他名的居所"(即耶路撒冷)集中崇拜,并主张将带有异族背景的宗教崇拜从以色列宗教中剔除出去。同时,这一时期的人们又按《申命记》的神学主张,对 JE 合版进行改写或更新,到公元前 6 世纪初,JED 成为一个合集。当然,按威尔豪森的理解,最初的 D 只是《申命记》5 至 26 章以及 28 章,总体采用的是摩西讲道体裁,呼吁、规劝、演说是它的基本文学形式。

进入流放时期后,以色列人在巴比伦深入地接触到两河流域文化,并将这些因素加入到五经的编修之中。当公元前 5 世纪回归耶路撒冷后,建立起以祭司为核心的圣殿公民社团。于是,P 底本的材料加入进来,并整合到五经之中,以补充 JED 的不足。构成 P 底本的材料既来自于以色列的古老传统,又来自于晚近的编修或旁借。P 在神学上强调上帝的超越性、神秘性和令人敬畏的特点，在社会学上强调祭司、利未人的特殊地位，在民族学上强调以色列人与其他族群之间的边界。最后，约在公元前 400 年左右，JED 和 P 结合而成 JEDP，也就是今天的五经。

"五经四源说"开启了圣经批判的风气，它对圣经的理解坚持几个现代性原则。一、宗教是人类的一种历史文化经验，悬置了犹太—基督教内部传统所坚持的上帝直接干预世界、上帝直接启示的神学原则。它将圣经文本理解为古代以色列人在不同历史阶段宗教经验的反映，总体上将其视为"人的作品"。二、圣经文本有一个历史的形成过程，因此可以加以社会的、历史的分析。威尔豪森及其弟子以圣经的文学研究作为突破口，佐以考古学和历史学对古代西亚文明的理解，将圣经还原为不同社会群体因应生活处境的产物。三、宗教发展依循一定的社会进化规律。原始的信仰是粗糙的，发展到晚近才变得系统、精细和丰富。依据这一进化规律，可以判断出圣经文本所处的不同历史阶段。

可以说，威尔豪森的"五经四源说"既是现代性的一个结果，亦是推动现代性的一个动力。最为犹太—基督教所奉为权威的神启经典，亦不得不承受现代主义和启蒙主义的批判，这极大地推动了西方世界的现代性进程。但是，随着人们对古代西亚的文学与历史世界的了解不断深入，威尔豪森的理论也受到了几个方面的挑战。首先是从神学方面提出来的。"五经四源说"完全拒绝了启示的观念，否认上帝对世界的干预，将宗教约化为人们的社会或心理经验，显然不能完全解释宗教的起源和变化。在理论层面上，新正统主义、福音派神学乃至后现代哲学对这种现代主义的宗教观都做出了有力的驳斥。其次,威尔豪森所隐藏的社会进化学说也被古代西亚的历史研究所驳斥,例如远古的崇拜形式未必就粗糙,伊玛城(Emar)的考古发现表明,早在公元前13世纪的祭祀就已经非常发达和精细,不用等到后期才发展起来。最后,"四个底本"的学说也经不起细致的文学与历史研究的推敲。威尔豪森认为组成五经的是四个整齐的底本,但圣经文本的多样性、复杂性则更倾向于表明五经的多源汇聚、反复层累、彼此互释。

在对"五经四源说"的补充、质疑、批判中,五经研究继续深化。借助于考古学和语言学,人们对包括巴勒斯坦在内的古代近东世界的了解不断加深,五经研究被置于一个更加宽广的历史世界之中。同时,人们在圣经之外解读了相当数量的古代对应文献,如两河流域的《伊努玛·艾利什》(Enuma Elish)创世神话、《吉尔迦美什》(Gilgamesh Epic)洪水故事等,为五经研究打开了比较研究的视野。"五经四源说"之后,最具学术史价值的研究就是由龚克尔(H. Gunkel)所开创的形式批判学。它认为,五经并非仅由四源组成,而是由众多更细小的文学单元组合而成。依照这些单元所采用的文学形式,人们可以推断出它们被运用在什么样的生活场景内,进而深入到古代以色列的社会生活中。例如,《创世记》3章14至19节上帝对人吃智慧树之果的宣判,形式评断学就认为它最初是古人对于男女社会身份的谚语,或者对于蛇为何爬行的推元学;《出埃及记》15章是以色列人将迦南神话挪用为圣殿崇拜的诗歌。总而言之,如果说四源说是对五经的宏大叙事,那么形式评断学则倾向于对五经进行细化研究。

形式批判学虽然对"五经四源说"提出尖锐的批评,但在基本的研究理念、神学原则等方面却是一致的,即五经是古代以色列人宗教经验的反映,对文本采取历史的、社会的分析方法,强调对五经文本的最初形式(original form)的追溯。真正超越威尔豪森的"五经四源说",甚至对历史评断学的基本操作原则提出挑战的,是以蔡尔斯(B. Childs)为代表的正典评断学。一方面它认为,五经研究不仅要关注文本的最初形式,而且要关注最终形式(final form);另一方面它还认为,我们不能仅仅将五经视为古代以色列人的宗教经验的反映,而且要意识到它在信仰群体中的权威角色。它扭转了五经研究将文本变得支离的情形,强调从正典形式去整体地把握五经,甚至将启示的因素加入到文本和历史的研究之中,将圣经研究与神学紧密地结合在一起。对《出埃及记》的研究是其代表作,强调从整体上理解出埃及叙事的神学含义,甚至从拯救与创造关系的角度对《出埃及记》在五经中的地位进行了考察。

总之,五经研究仍然是圣经研究的核心部分,它的未来发展也仍将取决于三个主要因素,即对五经文本本身的细解深读、与古代近东文献的比较研究、神学或哲学潮流的变迁等。

三 五经的整体性问题

在圣经中,五经最早成为一个整体,但当时人们并无今天的正典观念,五经文本仍然保持着相对的开放性。因此,不同传统总是试图对五经进行神学的编修,从而使其内部更加紧密地整合在一起。对今人来说,五经呈现出一种显著的整体性。我们分别对这些书卷之间的内在联系做一简要分析。

首先,《出埃及记》作为五经中承先启后的一部书,与《创世记》紧密地联系在一起。将这两部书整合起来的主题有二。一是"先祖应许之地"的主题。在《创世记》50 章 24 节,约瑟在他死前宣告"上帝必定领你们(指以色列人)到他起誓所应许给亚伯拉罕、以撒、雅各之地"。这一主题在《出埃及记》中多次出现,如 13 章 5 节、11 节,32 章 13 节,33 章 1 节等。这一格式化表达在《申命记》中不断出现,常被认为是申典神学的基本特征。可以推测,这一主题在《出埃及记》《创世记》中的出现,是申典学派对五经进行整体编修的结果。二是"耶和华与先祖立约"的主题。例如,在《出埃及记》2 章 23 至 25 节,6 章 2 至 8 节,都强调耶和华曾经与先祖"立约",尤其是后一段经文,直接指向《创世记》17 章的立约叙事,故此也有学者认为它是 P 传统对五经进行整体编修的痕迹。

其次,《利未记》也被有意识地与《出埃及记》整合在一起。如《利未记》26 章暗示了它就是耶和华西奈诫命的结尾,即其第 46 节所言:"这些律例、典章和法度,是耶和华与以色列人在西奈山藉着摩西立的。"同时,《利未记》26 章的诫命内容也是对《出埃及记》20 章十诫的回应,如 26 章 1 节回应《出埃及记》20 章 4 节的禁止拜偶像;26 章 2 节回应 20 章 8 节的安息日规定等。最后,《利未记》26 章的总体内容也体现出为西奈诫命作结的风格,如其 3 至 13 节是关于遵守西奈之约所得之福;14 至 38 节是悖逆之祸;39 至 45 节则强调剩下的余民将悔改,而上帝也将"记念"他与先祖所立之约。

　　最后,《民数记》也与五经的其他部分紧密相连,构成一个整体。例如,显现耶和华荣光的"云与火"的主题,在以色列人刚刚逃出埃及时就出现过(出 13:21);在会幕与约柜建造好之后,"云与火"显现在会幕之上(出 40:34－38)。《民数记》9 章 15 至 23 节再次发掘耶和华荣光的"云与火"主题,并对其加以发展,即"云彩几时从帐幕收上去,以色列人就几时起行;云彩在哪里停住,以色列人就在那里安营"(民 9:17),以此说明以色列人的行程完全听从耶和华的指示。《民数记》的内容不仅与此前《出埃及记》的内容相联,甚至还指向它后面的《申命记》。这突出体现在《民数记》33 章 50 至 56 节的鲜明申典风格中,包括禁绝偶像崇拜、与迦南异族相绝等。它既表明编者不仅意图整合"五经",甚至试图将"四经"与"申典历史"这两大部作品联结起来,从而使整部圣经成为一个整体。

◇ 思考题

1. 试述"四经"与"六经"的概念,这些概念的提出有什么样的意义?

2. 试述五经与圣经其他书卷之间的关系。

3. 试述"五经四源说"的内容,并对其做一简要评论。

4. 五经在哪些方面呈现出整体性,你认为应该如何看待这种整体性?

📖 进深阅读

1. Cassuto,U.,*The Documentary Hypothesis and the Composition of the Pentateuch*,trans. by Israel Abrahams (Jerusalem: Magnes 1961)

2. Freidman,R. E. & H. G. M. Williamson ed.,*The Future of Biblical Studies: The Hebrew Scriptures* (Atlanta: Scholars,1987)

3. Koch,Klaus,*The Growth of the Biblical Tradition: The Form-Critical Method*,trans. by S. M. Cupitt (New York: Scribner's,1969)

4. Noth,Martin,*The Deuteronomistic History* (Sheffield: JSOT,1981)

5. Rendtorff,Rolf,*The Old Testament: An Introduction*,trans. by John Bowden (Philadelphia: Fortress,1986)

6. Tucker,Gene M.,*Form Criticism of the Old Testament* (Philadelphia: Fortress,1971)

7. van Seters,John,*Prologue to History: The Yahwist as Historian in Genesis* (Louisville,Ky.: WJK,1992)

8. von Rad,G.,*The Problem of the Hexateuch and Other Essays*,trans. by Trueman Dicken (New York: McGraw-Hill,1966)

9. Wellhausen,J.,*Prolegomena to the History of Ancient Israel* (Edinburgh: A. and C. Black,1885; Gloucester: Peter Smith,1973 年再版)

10. Whybray，R. *The Making of the Pentateuch：A Methodological Study*
（Sheffield：JSOT，1987）

11. 李炽昌：《古经今解》，香港：基督徒学会，1997 年

第四章
《创世记》：结构与思想

　　《创世记》全书有一个最显著的结构，就是它可以分成两大部分：1 至 11 章即所谓"宇宙和人类史"（primal history）；12 至 50 章则被称为"先祖历史"（patriarchal history）。一方面，它们的主题有着极大的差异；另一方面，无论在文学上还是思想上，它们都以某种深刻的方式紧密关联。在这一章里，我们首先了解这两大部分的文学结构，然后从历史和神学角度对先祖宗教进行分析。

◉ 一 《创世记》1 至 11 章的文学结构

《创世记》1 至 11 章主要由三类材料组成：一、基本素材，即常被称为"传说"（saga）的部分，其主角都是一些理想形态的人物，如亚当夏娃故事中的夫妻、该隐亚伯故事中的兄弟、挪亚故事中的义人、巴别塔故事中的人类等。二、两个神学框架，即从 1 章 1 节至 2 章 3 节的第一创造故事，以及 9 章 1 至 17 节的上帝与挪亚之约。它们不是一般性的叙事，而是清晰的神学纲领。前者讲述了一个层次清楚的七天世界之创造；后者则强调一个经历了罪与洪水的世界如何重新恢复秩序。由于它们在思想上的普世性、文化上与两河流域文化的相关性、神学上强调人与上帝之间的永约，所以常被称为 P 典材料。三、众多的家谱材料，如 5 章、10 章、11 章 10 至 32 节等。这些家谱如同在人类族群史的众多黑线中串起一条以色列人的红线。一方面，它描述了人类如何经过亚当→挪亚→闪，再到亚伯拉罕家族；另一方面，它又围绕着这条红线来叙述当时所能知晓的族群与以色列人之间的关系。这一特点最鲜明地体现在《创世记》1 至 11 章以"后代"（toledot）为引导词的编修结构之中。

名词解释 "后代"叙事单元（toledot）

从《创世记》2 至 11 章，一共有 6 个谱系单元（genealogy），或者称"后代"叙事单元（toledot formula），[1] 使它成为有序对应的故事结构。

a. 世界之创造

  1. 天地的来历（2:4，第一个 toledot）

    b. 亚当与夏娃的伊甸故事

      2. 夏娃之众子（4:1－2，第二个 toledot）

        c. 该隐与亚伯故事

          3. 该隐的后代（4:17－26，第三个 toledot）

        c'. 拉麦故事

          4. 塞特的后代（5:1－32，第四个 toledot）

    d. 挪亚方舟

      5. 列国的谱系（10:1－32，第五个 toledot）

  e. 天下散乱

    6. 闪的后代（11:10－32，第六个 toledot）

这些"后代"（即谱系）叙事单元常被认为是 P 典编修的体现，其意义在于：不断缩小历史视野的焦点，从世界史缩小到人类史，再从人类史缩小到先祖史。它以以色列史作为历史主线，最终将摩西在西奈所立的祭礼法典视为历史的高潮和最终实现。或者反过来说，使得以西奈为背景的祭典

---

1 其希伯来文 תלדת，常被拉丁化为 toledot，从 ילד 词根而来，意为"生产、生子"。成为名词后，和合本常译为"后代"，在很多时代又无法直译，而意译为"来历"，如《创世记》2:4 即译为"创造天地的来历"。所以在汉译本中很难看到它在整个《创世记》中起到的结构性作用。

具有一个不断向外扩展的背景，并最终使其具备宇宙论与创造论的本体基础。

因此，《创世记》1 至 11 章的内容是世界史与人类史，但它却清楚地指向从 12 章开始的以色列历史。它类似于一个三部曲：一、从 2 章 4 节至 4 章 26 节，叙述了人类历史的开端，包括：人及其所处世界的创造；人违背上帝的禁令而被逐出乐园；人针对同类的第一个罪，即该隐杀亚伯；人类文明的发展。它的结尾（4：26）特别指出，"所有人都敬拜耶和华"。二、经过 10 代之后，人们开始经历大洪水，洪水意味着人类历史与此前阶段的断裂。它的结尾是上帝为人类的存在，保证创造中秩序的存在。这是人类历史的一个新开端。三、此后人类继续犯罪，并导致《创世记》9 章对迦南的咒诅，迦南被排斥在耶和华崇拜之外（9：26），耶和华为闪所独崇。经过巴别塔变乱众人口音之后，叙事主体转换到当时读者所熟悉的现实世界，尤其是落到 12 章之后的主要人物——闪的后裔亚伯拉罕的身上。

🌀 **小知识** 《创世记》中第一创世故事与第二创世故事之比较

关于世界和人类的起源，《创世记》1 章与 2 章有着相当不同的叙述。它们在文体与内容上差异较大，包括：

第一创造故事	第二创造故事
诗歌体	散文体
世界由上帝的话创造出来	世界是自存的,上帝再从尘土中造出人类
上帝按自己的形像造男造女	先造男人,再造女人
人是按上帝的形像所造	人是从尘土中被造的,之后上帝呼气始为有灵之活人
人是一个整体的存在	先是肉体被造,后灵魂被注入
人神关系是抽象的	人神关系是活生生的、对话式的,人在上帝面前是主动的,甚至可以向神发问

因此,在历史评断学家们看来,这两个创造故事有着不同的来源,第一创造故事属于 P 传统,第二创造故事属于 JE 合成本。它们与圣经其他文本之间有着不同的关联。但在更为重视文本整体性的新文学评断学看来,它们并不属于两个不同的故事,而是一个完整故事中的两部分,即第一创造故事关注的是普遍的世界创造,第二创造故事则专注于人在世界中的被造。

借助于对《创世记》1 章的文学解读以及古代西亚其他文献的比较研究,可以发现第一创造故事的叙事结构,并由此可知其主旨所在。

第一日	光	第四日	光体,管理昼夜
第二日	海与天	第五日	海与天空的生物
第三日	旱地为地,低处为海	第六日	地上的生物,人管理万物
第七日		上帝的安息	

这一结构表明《创世记》1 章的主旨并不在于说明上帝是怎样一步步地创造万物,而是说明:第一,上帝创造的是一个有秩序的世界。这个有秩序的世界有三重结构,包括地上之天空、地、地下之深海。在这个有秩序的世界内,生活着各从其类的万物。它从本体论上为后面律法体系提供了正当性说明,因为以色列律法体系的精神就是"万物相分而成秩序"。第二,人是这个有秩序的被造世界的"看管者"。这段故事将人的被造安排在万物之后,并由上帝命定其"治理、管理"的职分。在六日的创造之中,也只有在创造大地的第三日以及居于大地之上万物的第六日,上帝发出了两次正面的评价。第三,这样的叙事结构将第七日的安息突出出来,从而使"守安息日"仪礼具有创造论的依据。

名词解释　安息日

　　在圣经中,守安息日是一个重要的生活礼制。由于圣经形成的多重层累,在各主要传统中,安息日的重要性都以不同方式被强调,如《出埃及记》20 章8 至 11 节、《申命记》5 章 14 至 15 节、《民数记》15章、《以西结书》20 章 12 至 24 节等。但最著名的是《创世记》2 章 1 至 3 节,它以创造论的方式为安息日礼制提供了宇宙论证明。第七日的上帝安息甚至构成整个创世故事的高潮,前六日的创造乃以第七日的安息为旨归,反过来说,第七日的安息也是前六日被造宇宙保持秩序的延续。只有第七日作为"圣日"，被上帝"祝福"（ברך，bless），安息日被赋予了特殊的意义。反过来说，守安息日，是人对上帝作为创造主的认可，人们通过这一礼制来参与上帝的创造及其对秩序的维护。反过来说，创世故事中的上帝安息，也转化为一个上帝子民必须遵守的伦理规条，成为一个群体标志性的生活方式。

二 《创世记》12 至 36 章的文学结构

《创世记》12 章 1 至 3 节的起首是神对亚伯拉罕的呼召，一方面，它的出现是突兀的，将《创世记》文本截然分成两部分；另一方面，它起着前后呼应的作用，既概括了 12 至 50 章的主题，又以上帝对人类的祝福来呼应前面上帝对人的惩罚（参创 3∶14 - 19，8∶21）。

12 章 1 节至 25 章 10 节可以称为"亚伯拉罕故事"。组成它的单元较为零散，主要是一些独立的分散传说，如 12 章 10 至 20 节，22 章，23 章，24 章等。将它们联系起来的只是一些松散的词汇，如"这些事以后"、"亚伯拉罕年纪老迈"等，看不到紧密的叙事联系性。但当中也有一些单元被整合起来，构成较大的叙事组合。例如，13 章与 18 至 19 章一起构成一个"亚伯拉罕—罗得叙事"，在 13 章的编写中就已经暗示着 18 章与 19 章的情节。也就是说，13 章所述罗得与亚伯拉罕的分离，就是以色列人、摩押人、亚扪人各居其地的开始。

《创世记》21 至 27 章可以称作"以撒故事"，但它的独立性一直受到人们怀疑，它看起来更像是从属于前面的亚伯拉罕故事和随后的雅各故事。例如，以撒的降生，是为了实现上帝对亚伯拉罕的应许；他被带到摩利亚山献祭，也是为了表明"亚伯拉罕信仰经受试炼"(the testing of Abraham)；此后他与利百加的婚姻，也是在亚伯拉罕的安排之下完成；即使最后他在孪生弟兄以扫与雅各之间选择继承人，也是被动地接受雅各和利百加的安排。即使唯一以撒作为主角的 26 章，他的事迹也只是对前面亚伯拉罕叙事的重复。例如，在饥荒时以撒逃难离开巴勒斯坦，在前面有亚伯拉罕的榜样，在后面有雅各的追随；以撒前往南地基拉耳遭遇亚比米勒王，也正是亚伯拉罕遇到的王；为躲避杀身之祸，称妻子为妹子，也正是亚伯拉罕的作为；以撒与亚比米勒王在别是巴盟誓立约，亦同样发生在亚伯拉罕身上。

《创世记》25 至 36 章可以称为"雅各故事"，与亚伯拉罕故事很不同的是，已经很难在雅各故事中找到独立的叙事单元，它们又被编织进一个主题，即雅各与他兄弟以扫、舅舅拉班的冲突。所以，有学者直接将它称为"雅各—以扫—拉班传说"。它总体呈现为一个交叉体(chiastic)文学结构：

兄弟以实玛利被弃，25:12 - 18

A. 开头：雅各的生、命运预言、雅各与以扫的早期冲突 (25:19 - 34)

  B. 以撒与迦南土著的关系(26:1 - 22)

    C. 夺去祝福 (לקח ברכתי, He took away my blessing, 27:

36,27:1 - 40)

  D. 雅各逃离以扫(27:41 - 28:5)

    E. 雅各与神的使者相遇(28:10 - 22)

      F. 到达哈兰:拉结、拉班(29:1 - 30)

        G. 雅各的众子:十二子的家族(30:1 - 24)

题眼:约瑟一降生,雅各就要回迦南,约瑟家族后被雅各祝福为继承人

        G′雅各的牛群羊群:雅各发家(30:25 - 43)

      F′离开哈兰:拉结、拉班(31:1 - 55)

     E′雅各与神的使者相遇(32:1 - 2)

    D′雅各去见以扫(32:3 - 32)

   C′雅各请求以扫接受祝福礼(קח־נא את־ברכתי, Accept my blessing, 33:11,33:1 - 20)

  B′雅各与迦南土著的关系(34 章)

 A′结尾:拉结的死,以扫与雅各共葬以撒(35 章)

兄弟以扫被弃(36 章)

这一叙事带有显著的北国背景,反映了以色列人对于当时族群关系的一般性理解,其核心就在于说明:雅各及其家族是如何被上帝所拣选,而处于同一个生活空间内的其他族群又是如何被上帝所遗弃。它是一个族群历史记忆与宗教叙事紧密结合的典范文本。

　　《创世记》1 至 11 章的宇宙和人类史叙事,与两河流域的神话有较多共同之处,对它们进行比较研究是圣经学术的一个次领域。可以与《创世记》1 至 11 章内容相比较的两河流域神话,包括:《伊努玛·艾利什》和《吉尔迦美什》。例如,在《伊努玛·艾利什》第五块石版 1 至 8 节讲述了人的被造:

> 玛杜克听到众神的话,
>
> 心情激动,要创造一个美物。
>
> 他开口向伊亚(Ea)说话,说出他心里的计划:
>
> "我将收聚血液,造出骨头,
>
> 我将造出一个野物,'人'就是他的名字。
>
> 是啊! 我要造出一个野物,
>
> 他将被派去为众神服务,
>
> 使众神得享安逸。"

这一神话与《创世记》中人之被造既有相似之处,如为人命名;也有相异之处,如两河流域神话中,人是为众神服务的仆人,而在《创世记》中,人是万物的治理和管理者。

　　《创世记》6 至 9 章的挪亚故事,与《吉尔迦美什》的内容相当接近。例如,神毁灭人类的原因都是"人在世上多起来",并且"罪恶很大";神所发的洪水都是要灭绝地上的一切,包括人、走兽、昆虫和飞鸟;神在地上找到一个义人,在巴比伦神话中是 Ut-

Napishtim，在以色列宗教中则是挪亚；神都命令这个义人建造一个多层的"方舟"（希伯来文原意是"箱子"或"盒子"，如摩西在河上之箱子）；"方舟"的里外都要抹上柏油（和合本译为"松香"）；方舟里面都有很多房间；方舟都只有一个门和一个窗；方舟上载有义人和其他一些人（在巴比伦神话中是一些匠人；在以色列宗教中则是挪亚的家人）、各从其类的动物；天降大雨，洪水漫地；两个神话都强调"天下的高山都淹没了"；方舟最后都停靠在中东地区的某座山上；义人都放出飞鸟看看地上有无干地；前两次的飞鸟都没有找到干地，第三次飞鸟没有飞回，说明地上的水干了；义人及其家人离开方舟，杀牲以为祭；神闻到祭物的馨香之气；最后义人被神所祝福；神最后也为自己的灭绝行为感到不安，并起誓不再灭绝万物。它们之间如此多的相似，不能不使人想到圣经中的挪亚故事很可能是对巴比伦神话的改写。

三 约瑟故事

在三位先祖的故事后，《创世记》接下来的一个整体单元是 37 至 50 章的约瑟故事。它具有这样一些文学特点：第一，38 章关于犹大和他玛的故事，以及 49 章的雅各之歌，显然与这个整体无关，是后来插入进来的；第二，它像是一个娱乐故事，在主题、文体上既与古代埃及流传的"两兄弟故事"（Tale of the Two Brothers）与"海难船员的故事"（Tale of the Shipwrecked Sailor），又与希伯来自身传统的路得故事和以斯帖故事十分类似；第三，它的文体更像是一部小说（novella），而不像先祖故事的传奇或传说。这表现在：它的总体结构整齐、前后连贯、安排精巧，在情节的安排、故事的展开、伏笔的设计等方面都匠心独运，展现出一种迥异于传奇或传说的叙述方式。

在对约瑟故事的叙述中，可以看到智慧文学的神学主题，即关注人的计谋与上帝的保守（Providence）的关系。一方面，约瑟命运的转变与他的智慧有着一定的关系；另一方面，也是更重要的，他强调上帝对以色列人命运的掌管及保守。约瑟在最后对他兄弟的话，也是其故事叙述的神学要点，即"从前你们的意思是要害我，但神的意思原是好的，要保全许多人的性命，成就今日的光景"（创50：20）。在这一点上，它与《以斯帖记》很相似。同时，由于约瑟故事的"宫廷智慧"（courtier wisdom）背景，人们也倾向于把它与《以斯帖记》与《但以理书》放在一起比较，犹太主人公都是外邦人宫廷的谋士，因此也倾向于认为它们来自于后流放时期的散居犹太社群，而且将其归入智慧文学的范畴。这样就将它的写作时间定位在较晚的一个时期。

从文学架构上来说，约瑟故事是由两个部分构成的，一个是他在兄弟们的嫉妒之下，如何被卖往埃及为奴；另一个就是他的命运如何在埃及完全扭转，成为埃及宰相的故事。在五经叙事当中，它扮演着一个桥梁性的角色，将先祖故事与出埃及故事连接起来。从叙事学上来说，它讲述了以色列人在从埃及解放出来之前是如何在埃及出现的。

综合来看，《创世记》12至50章的亚伯拉罕—以撒—雅各—约瑟故事，其中存在一个清晰的编修结构，使之成为一个有机整体。例如，13章14至17节与28章13至14节上帝关于土地与后裔的应许,将亚伯拉罕故事与雅各故事整合起来。再如,12 章 1 至 3 节、26 章 1 至 3 节、31 章 11 与 13 节、46 章 1 至 5 节这四个"上帝的话",分属亚伯拉罕、以撒、雅各和约瑟故事,但它们的内容都是要先祖们前往或留在迦南、禁止先祖们前往埃及或两河流域,其核心都是关于"以色列民"与"应许之地"之间的紧密关联。它们把这些先祖叙事串联在一起,表明以色列人占有迦南之地具有上帝命令之神圣许可。再如,12 章 7 节、16 章 10 节、22 章 16 至 18 节、24 章 7 节、26 章 3 至 5 节、28 章 15 节、31 章 3 节、32 章 10 至 13 节、50 章 24 节等构成一组将整个先祖故事整合起来的"上帝应许",它们之间格式相似,在内容上又相互指涉。

　　总之,《创世记》12 至 50 章的先祖故事经历了不断的层累和融合,既有古老的因素,又有晚近的编修框架。按照这些编修框架的文体和思想,学者们可以认定它们属于某个特定的思想传统,如申典或祭典编修等。这些不同层累之间形成的相互释义,可称为"圣经内释义",它为圣经研究提供了极大的空间。

名词解释 圣经内释义(Inner-Biblical Exegesis)

　　　　所谓"圣经内释义",是指对早期圣经文本以及它们在后来文本中的再次使用之间关系的研究。文本差异只是入手点,后来人们对早期文本的重新解释或运用才是研究重点。早期文本之所以被重新解释或运用,可能出于以下原因:所用词不常见、细节描述不够、明显的矛盾、早期习俗变得过时。因此,圣经中那些早期比较确定的文本和后期较为自由的转述之间的关系常引起学者的注意,它表明一些早期权威文本被改造、适应或融入了新元素。可以粗略地将新变化归结为两类:一是灵活性解释,即为适应时代变化而延伸早期文本的含义;二是保护性解释,即为保护上帝律法免遭人的滥用。这一研究方法的代表人物是费舍班(Michael Fishbane),他进一步将这种变化细分为五类:一、灵活的解释(Dynamic elaborations);二、保护性限制(Protective restrictions);三、重新组合成新律法;四、在后期讲道中使用旧的文本;五、对先知预言的重新解释。这一方法要求人们注意圣经经文之间的互文性(intertextuality),也强调圣经律法在不同时代的发展。

◆ 四 先祖故事的历史性问题

圣经将先祖故事设定在一个具体的历史框架之中,人们按照圣经的历史年表,并对照埃及和两河流域文明的年表,可以推测出它的大致时间。按《列王纪上》6 章 1 节,以色列人出埃及是在圣殿开工的 480 年前,即所罗门登基(约公元前 970 年)之后的第四年。再按《出埃及记》12 章 40 节,以色列人住在埃及 430 年。这样,雅各及其子孙进入埃及就在公元前 1876 年。按圣经叙事,亚伯拉罕生以撒时 100 岁,以撒生雅各时 60 岁,雅各到埃及时 130 岁。这样,亚伯拉罕应生于公元前 2166 年,于 75 岁(即公元前 2091 年）出哈兰入迦南。简而言之，三位先祖的活动时间就在公元前 21 至 19 世纪。[1]

按圣经考古学的分期，这个时期通常被划入中期青铜时代。进入 20 世纪后，学者们对这一时期的古代近东已经有了较全面而深入的了解，并将它们与《创世记》的先祖故事进行对照，以此评估先祖故事的历史性，形成了"信古"与"疑古"的两派。

信古派常用两个世界史事件来证明圣经先祖故事的真实性。一是在中期青铜时代之初，古代近东普遍出现了城邦国家的衰败，其原因是一些被称作亚摩利人（Amorite）的游牧民的冲击。亚伯拉罕从两河流域迁居至巴勒斯坦，可能就被裹挟在这些亚摩利人的民族迁徙之中。二是公元前 18 世纪晚期至公元前 16 世纪早期，埃及被从北部南下的游牧民希克索斯人（Hyksos）所统治，这正相当于圣经所记以色列人在埃及得势的时间。除此之外，先祖叙事中提到的人名、习俗，也可以在一些考古学文化——如努济（Nuzi）泥版所描述的公元前 15 世纪的胡利人（Hurrian）、公元前 18 世纪前后的马里（Mari）文化的社会习俗——中找到对应。甚至有细心的学者论证道，按《创世记》37 章 28 节，约瑟被他的弟兄们卖为奴隶，其价钱是"二十舍客勒银子"，这正符合公元前二千纪上半段一个奴隶的价钱，由于通货膨胀，到了公元前二千纪下半段，一个奴隶一般是 30 舍客勒；而到了公元前一千纪，则值 50 舍客勒。

---

1 圣经所称从出埃及到所罗门建圣殿的 480 年是一个高度格式化的数字，即 40 × 12 = 480。希伯来人通常称一代人为 40 年，如旷野流浪 40 年，出埃及的一代人死去等。因此，480 年可能只是表示 12 代，它的实际时间可能是 20 × 12，即 240 年。这样，雅各入埃及就在公元前 17 世纪，先祖时间就是公元前 19 至 17 世纪。

对巴勒斯坦地区的考古研究也表明,先祖叙事对迦南的人文地理描述与考古学对中期青铜时代(尤其是公元前 1800 至 1650 年的 II 期)巴勒斯坦的了解是相当一致的。圣经先祖故事的总体背景及其细节,与更晚的晚期青铜时代(公元前 1550 至 1200 年)或铁器时代(公元前 1200 至 586 年)的迦南很难吻合。

因此,信古派普遍认为,先祖叙事与中期青铜时代的迦南文化之间相似性很大,人们不能简单地斥之为传说或神话。圣经的先祖叙事有很大的历史可信度。

但疑古派也提出否定圣经的先祖叙事之历史性的证据,认为它充满了历史倒置(anachronism)。例如,先祖叙事中大量地谈到人们用骆驼作为运输工具。但是考古学一般认为,骆驼的驯化是在公元前二千纪晚期,直到公元前一千纪才广泛使用。再如,亚伯拉罕被呼召离开"迦勒底的吾珥",然而,迦勒底人是两河流域南部的一个族群,公元前 9 世纪才开始登上历史舞台,公元前 7 世纪击败亚述帝国,开创新巴比伦时代。而吾珥是一座活跃于公元前三千纪至二千纪的苏美尔古城。"迦勒底的吾珥"就是典型的一个历史倒置。再如,先祖叙事中的某些地名,也表明作者熟悉的是公元前一千纪的两河流域文明,如亚述的两个重要城市尼尼微和迦拉。最后,先祖叙事中提到的一些古代族群,与中期青铜时代的近东人文地理也有相当的出入。如亚伯拉罕与以撒都遭遇到所谓的"非利士人",但考古研究表明,非利士人是在晚期青铜时代的地中海世界大动荡中来到地中海东岸,公元前 1200 年后开始在巴勒斯坦建立聚居区。到公元前 11 至 10 世纪,非利士人的城邦文化才开始繁荣。中期青铜时代的亚伯拉罕、以撒,遭遇晚期青铜时代或铁器时代的非利士王亚比米勒,显然是历史倒置。类似情形亦适用于先祖叙事中的亚兰人、以东人、阿拉伯人等。

在这场争论中,信古派与疑古派均不能完全说服对方。但有一点是确定的,即信古派有助于揭示这些叙事的历史起点,而疑古派则有助于揭示圣经先祖叙事成型的截止时期。

⊙ 五 先祖宗教的主要特点

从宗教史角度观之,先祖宗教是希伯来信仰的开端,它包含了以色列后世宗教的基本原则。同时,由于先祖叙事的古老性,先祖们的信仰与实践又保留了以色列人古代宗教的自身特点,甚至与晚期的耶和华崇拜有诸多矛盾的地方。

首先,先祖们所敬拜的神名为"伊勒"(אל,El)。按《出埃及记》6 章 2 至 3 节,上帝并未向先祖们启示他的独有神名"耶和华"(יהוה,YHWH)。所谓 El,是西北亚的闪族宗教对于神名的一个普遍称呼,在乌加列(Ugaritic)宗教中,它就是最高神的称谓。而先祖们又将不同的附属后缀加在这个 El 神名之后,如"看顾人的神"(אל ראי,El Roi, 16:13),"大能的神"(אל שדי,El Shaddai,17:1;8:3)或"至高的神"(אל עליון,El Elyon)等等。按《创世记》14 章,亚伯拉罕将他所得的拿出十分之一,给了"至高之伊勒神"的祭司麦基洗德,似乎对迦南地普遍尊崇的伊勒神,以及与其相关的崇拜方式(即奉献"十分之一")表示认可。因此,先祖们对迦南宗教持一种更为宽容的态度，而非晚期势不两立的敌对关系。

其次，先祖故事叙述一种很特别的神人关系。它包括：第一，先祖们与他们的神之间是一种不受地域限制的关系，神随人走，重在与人发生关系。这在古代世界是很特别的。在先祖故事中，神常被称作"亚伯拉罕的神"、"你祖亚伯拉罕的神、以撒的神"，或者被称为"你（亚伯拉罕）的盾牌"，"以色列的牧者、磐石、大能者"等，可见神首先是与个人建立关系的神。这一特征与后来所谓"在雷电、狂风中显现的神"、"他的名"居住在圣殿之上的神等有显著区别。第二，先祖们的神有着独特的显现方式，神以某种可以感官经验到的方式向他们显现。例如，在亚伯拉罕故事中，上帝在异象中向亚伯拉罕说话；神以人形来显现；甚至直接与亚伯拉罕交谈。在雅各故事中，雅各在梦中见到天使沿着梯子上下；神以人形与雅各摔跤，雅各"面对面见了神"。

再次，在先祖故事的叙述中，先祖们在各地都为神建立了诸多的圣所，人们以一种非集中的方式来敬拜上帝。例如，亚伯拉罕在"幔利的橡树为耶和华筑了一座坛"，又在伯特利与艾之间为耶和华筑坛；以撒在别是巴筑坛；雅各在伯特利与示剑分别为耶和华筑坛。这与后来以色列人的集中崇拜构成鲜明对比，它反映了先祖时期的宗教是民间化的、散漫的，以家族为核心，与迦南文化较为相近。

最后，《创世记》以"应许"这一核心观念将几位先祖的故事贯穿起来，并围绕它形成了其他的重要概念，如约、土地和后裔等。以此为主题，零散的故事被组织成一个宏观的神学叙事，其核心经文就是《创世记》12 章 2 至 3 节：

我必叫你成为大国。我必赐福给你,叫你的名为大,你也要叫别人得福。为你祝福的,我必赐福与他;那咒诅你的,我必咒诅他。地上的万族都要因你得福。

　　其中,既有民族主义的因素,即以土地与后裔为内容的"大国";又有普世主义的因素,亚伯拉罕是地上万族、别人得福的入口。这两者之间的张力,是推动以色列宗教发展的基本动力。

◇ 思考题

1. 《创世记》中的两个创造故事有何不同？你认为应该如何看待这两个创造故事之间的关系？

2. "雅各故事"中隐含着一个怎样的叙事结构？它有何民族学的意义？

3. 对于先祖叙事的历史性问题，疑古派和信古派各有何证据？你认为应该如何看待这两派的争论？

4. 先祖叙事中呈现出一个怎样的宗教图景？它有哪些主要特点？

📖 进深阅读

1. Aharoni，Yohanan，Michael Avi-Yonah，Anson Rainey & Ze'ev Safrai，*The Macmillan Bible Atlas*，3rd ed.（New York：Macmillan，1993）

2. Albright，William F.，*The Archaeology of Palestine：From the Stone Age to Christianity*（Middlesex，England：Penguin Books，1949，rev. 1960）

3. Damrosch，David，*The Buried Book：The Loss and Rediscovery of the Great Epic of Gilgamesh*（New York：Henry Holt and Co.，2007）

4. Dever，W.，*What Did the Biblical Writers Know & When Did They Know It?：What Archaeology Can Tell Us about the Reality of Ancient Israel?*（Grand Rapids：Eerdmas，2001）

5. Dever，William，*Who Were the Early Israelites and Where Did They Come From?*（Grand Rapids：Eerdmas，2003）

6. Finkelstein，I.，*The Bible Unearthed：Archaeology's New Vision of Ancient Israel and the Origin of Its Sacred Texts*（New York：Free Press，2001）

7. Fishbane，M.，*Biblical Interpretation in Ancient Israel*（Oxford：Clarendon，1985）

8. Fishbane，M.，"Inner-Biblical Exegesis：Types and Strategies of Interpretation in Ancient Israel"，in *The Garments of Torah：Essays in*

Biblical Hermeneutics (Bloomington: Indiana University Press, 1989), 3 - 18.

9. Heidel, Alexander, *The Gilgamesh Epic and Old Testament Parallels* (Chicago: University of Chicago Press, 1949)

10. Hess, R. , *Israelite Religions: An Archaeological and Biblical Survey* (Grand Rapids: Baker, 2007)

11. Hoerth, Alfred J. , Gerald L. Mattingly & Edwin Yamauchi eds. , *Peoples of the Old Testament World* (Grand Rapids: Baker, 1994)

12. Hoffmeier, J. , *Israel in Egypt: The Evidence for the Authenticity of Exodus Tradition* (Oxford: Oxford University Press, 1996)

13. Kenyon, Kathleen, *Archaeology in the Holy Land*, 4th ed. (New York: W. W. Norton & Company, 1979)

14. Lutz, D. A. , *The Isaac Tradition in the Book of Genesis* (Drew University Dissertation, 1969)

15. Mazar, Amihai, *Archaeology of the Land of the Bible: 10000 - 586 BCE* (New York: Doubleday, 1992)

16. Mazar, Benjamin, *Biblical Israel: State and People* (Jerusalem: Magnes Press, 1992)

17. Millard, A. R. & D. J. Wiseman eds. , *Essays On The Patriarchal Narratives* (Leicester: IVP, 1983)

18. Schneidewind, William, *How the Bible Became a Book: The Textua-lization of Ancient Israel* (Cambridge: Cambridge University Press, 2005)

19. Wapnish, Paula, "Camel Caravans and Camel Pastoralists at Tell Jemmeh", *Journal of Ancient Near Eastern Society*, 13 (1981), 102 - 121.

20. 李炽昌、游斌:《生命言说与社群认同:希伯来圣经五小卷研究》,北京:中国社会科学出版社,2003 年

第五章
从《出埃及记》到《民数记》：
出埃及与西奈传统

　　"出埃及"（Exodus）可谓古代以色列宗教中最重要的主题。事实上，从《出埃及记》到《民数记》中的事件，均发生在以色列人已出埃及、未入迦南的大背景之下，可以称之为广义的"出埃及记"。围绕着出埃及这一主题，古代以色列的各大传统都对其进行回忆、再忆、编修和再编修，形成非常复杂的层累现象。我们先从分析正典形式的文本结构开始。

◆ 一 《出埃及记》的文本结构

　　正典形式的《出埃及记》可以分为以下几个大的部分：

1. 在埃及受压迫与得解放（1 至 15 章 21 节）

2. 从埃及前往西奈的旅程（15 章 22 节至 18 章）

3. 西奈之约（19 至 24 章）

4. 对建造圣所的指示（25 至 31 章）

5. 背叛与更新（32 至 34 章）

6. 以色列人建造圣所（35 至 40 章）

　　进入《出埃及记》后，圣经叙事的主体与基调都发生了一个显著的变化。主体不再是家族领袖式的个人，而是作为一个整体的以色列民。个人之间的交往只零星出现，族群成为叙事的预设。摩西与亚伦的身份主要是以色列民族的代表，与埃及人或其代表法老相对。与此相应，《出埃及记》的叙事风格也发生变化，《创世

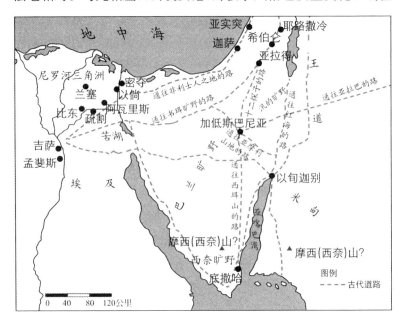

记》中那样边界清晰的叙事单元（如独立的传说、传奇）也不再断断续续地出现，只是零星地出现一些独立的传说，如 2 章 1 至 10 节、15 至 22 节、17 章 1 至 7 节和 8 至 16 节等。将以色列民作为叙事主体，整个故事统率于一个神学主题，即"以色列人的危机——上帝的拯救"之下。

由 1 至 15 章构成的第一部分有着清楚的指向，即出埃及和逾越节，这使得学者们推测这些经文最初运用于"逾越节"的仪式场景中。但它的正典形式显然经过细致的神学加工，即以色列人受压迫命运的转折点在于"上帝听见他们的哀声，就记念他与亚伯拉罕、以撒、雅各所立的约"（2：24）；当以色列人听了摩西的述说后，就"信了"（4：31），敬畏和信的主题在 14 章 31 节的过红海故事中再次被强调。最后，"神的拯救——人的敬拜"这一神学主题构成了第一部分的总结，并反映在 15 章的总体结构之中。

🔑 **小知识**　《出埃及记》15 章 ─────────────────────

《出埃及记》15 章在《希伯来圣经》研究中有着特殊的位置。一方面，它在内容上反映了浓厚的迦南神话、甚至多神论的背景（15：11）；另一方面，它又反映了迦南定居生活、甚至耶路撒冷圣殿崇拜，而不可能是尚未逃出埃及的人们所能想象的生活。从其文体来看，它属于圣殿崇拜中的诗歌，可以将它分为：

歌词	15：1b－5	复调	15：6
歌词	15：7－10	复调	15：11
歌词	15：12－16a	复调	15：16b
总结性歌词	15：17－18		

这首颂歌在正典《出埃及记》中所处的结构性地位也很特别，即正处于以色列人出埃及得自由之后、将进入西奈成为"立约之民"之前。在正典评断学兴起之后，对它的解释变得十分突出。它被认为是拯救与律法、自由与责任之间的关键性转换。而这首诗歌在迦南神话中的创造论意义，也因被置于以色列人的拯救故事而发生了意义的转变，在圣经神学中成为讨论创造与救赎之关系的典范经文。

15 章 22 节之后讲述以色列人在旷野的行程，到达西奈。《出埃及记》19 章讲述他们到达西奈，一直到《民数记》10 章才离开西奈，这占据着出埃及叙事超过一半的篇幅。一方面，由于它在文体上采用律法格式，与前后叙事风格有较大差异；另一方面，由于在某些古老的所谓"历史信经"中缺少西奈的内容[1]，所以学者们推断，从《出埃及记》19 章至《民数记》10 章属于后来插入的篇章，体现了正典编著者将律法与信仰相结合的努力。

这个大的律法单元又可以分成道德、社会或崇拜规定的次单

---

1 如《出埃及记》15：12－17，《申命记》6：20－25，26：5－9，《撒母耳记上》12：8，《诗篇》135：8－12 等。它们在讲述历史时，都是从出埃及径直到进入应许之地，没有西奈立约的内容。

元。首先是 19 至 24 章。它由 20 章 1 至 17 节的"十诫"与 20 章 22 节至 23 章 19 节的"约书"组成。它强调是在耶和华的带领下，以色列人得以出埃及，这是以色列人遵守上帝诫命的基础，从而做好了将律法单元组合进历史叙事的准备。

19 章 9 与 20 节强调摩西作为接受律法之人，为"十诫"宣告做好准备。20 章 1 至 17 节的十诫宣告之后，通过百姓与摩西的对话（18 至 21 节），摩西的特殊角色再次被强调。这也从文学上将"十诫"与"约书"分成两个部分：十诫是上帝直接吩咐给摩西与百姓的，而 21 至 23 章的约书是由摩西转述给百姓的。其中包含着这样的思想：十诫是律法的基础，而约书则是它的发展或延伸。24 章是这一部分的最后一章，它讲述了以色列人完成立约的仪式，其中也纠结了多重的传统，但其核心概念即"约"和"听从耶和华的话"，呼应了 19 章 5 节。由此可知，19 至 24 章乃构成一个自足的单元。

⚡ 小知识　　十诫的多个版本 ────────────────────

十诫在古代以色列人的宗教、道德和社会生活中有着根基性地位，因此，不同传统对于十诫的内容都有各自的表述。在五经中，十诫至少有三个较完整的版本，即《出埃及记》20 章、34 章和《申命记》5 章。

其中很特殊的一个就是《出埃及记》34 章的十诫版本。作为一个律法文本，它也被编修至一个叙事单元之中，即从 32 章开始的以色列人敬拜金牛犊的悖逆故事，以及此后因耶和华的恩典而发动的圣约更新。它的特点如下：一、没有宗主国—附庸国之约的形式；二、没有一个历史性序言，不是建立在过去历史事件的阐述上，而是将重点放在未来的应许上，即将迦南地的其他民族赶出去；三、它不是严格的十条诫命，其伦理意义与 20 章的"十诫"差异巨大；四、它有浓重的礼仪色彩，如节日的规定；五、它接纳了许多迦南地区的习俗，有强烈的农业定居社会痕迹。它的存在说明了以色列古代宗教的多样性。

25 至 31 章建造圣所的指示，以及 35 至 40 章建造圣所的经过，是两个带有显著祭祀色彩的单元，常被认为属于 P 传统。它们放在当前的位置，也有清晰的目的。首先，P 传统认为这些崇拜礼制来自于摩西在西奈聆听上帝的律法。在 24 章 12 至 18 节，摩西再次上山领受律法，一直到 31 章 18 节，"耶和华在西奈山和摩西说完了话，就把两块法版交给他，是上帝用指头写的石版。"也就是说，P 传统认为，25 至 31 章关于圣所和崇拜的形制就是"两块法版"的内容。其次，随后"金牛犊悖逆故事"以 34 章上帝更新圣约作结，并开启从 35 章开始的关于圣所建造和祭祀条例的叙事，一直到《利未记》16 章的赎罪日，以强调这些崇拜礼制的根本作用在于：赦免"以色列人诸般的污秽、过犯，就是他们一切的罪愆"。这些都说明：无论是《出埃及记》，还是五经，都被某些传统加以编修，从而在内部呈现出比较清晰的思想结构或主题。

二 《利未记》的文本结构

《利未记》几乎全是与崇拜相关的律法条文，一些简单的叙事也指向崇拜的礼制。它们风格相异，来源也都不同。这表明它们都曾以独立的形式，在不同的社会处境或传统中传承。它们之所以被编入当前的五经文本，其意在说明这些崇拜礼制是由摩西从西奈山接受的神启，从而赋予其至上的权威。

《利未记》的文本结构如下：

1. 不同种类的祭祀，以及对祭祀之物的社会处置（1 至 7 章）
2. 上接西奈叙事，关于亚伦家族的祭司（8 至 10 章）
3. 对洁净与不洁净的规定（11 至 15 章）
4. 赎罪日的规定（16 章）
5. 圣洁法典（17 至 26 章）

由于基督教在脱离犹太教时强调"不可难为那归服神的外邦人；……吩咐他们禁戒偶像的污秽和奸淫，并勒死的牲畜和血"（徒 15：19 - 20），认为基督福音已经超越了《利未记》中的各种禁忌，因此，在基督教传统中，《利未记》的地位并不高。但犹太教却认为，《利未记》通过祭祀与生活礼制的规定，表明耶和华作为以色列人的"主"，不只是一次性的拯救行动，而是一种持续的生活状态，是伦理性与身份性的。它所规定的生活准则，使上帝之子民形成一种独特的生活方式，从而将以色列人与周围世界区分。

因此，规定祭礼、节期与生活方式的《利未记》在犹太教中享有崇
高的地位。

名词解释　圣洁法典(Holiness Code)

　　　"圣洁法典"指的是《利未记》17 至 26 章。之所
以把它称为"圣洁法典"，是因为在这几章经文中，
"圣洁"一词及它的派生词，出现频率达 85 次之多，
它为以色列人生活的各个方面都做出洁净的规范，
包括性的洁净、遵守圣日、公平对待穷人等。它将
圣洁生活的要求直接诉诸于上帝的本性，即"你们
要圣洁，因为我耶和华你们的上帝是圣洁的"(19：
2)。但也有学者对是否存在一个独立的"圣洁法
典"表示怀疑，理由有三：一、其中的每一章都有自
己的主题与内容，并无内在关联；二、"圣洁"一词出
现频率最高的也只是在 19 至 22 章，而不是整个 17
至 26 章；三、"圣洁"本来就是古代以色列宗教的核
心术语，在其他经卷也常出现。因此，不能仅把这
一单元称为"圣洁法典"。

❤ 三　《民数记》的文本结构

　　《民数记》之文体、内容及主题均十分杂乱，是五经中最难概
述的书卷，只能按其所述事件发生的空间背景将其分成三个部

分：一、在西奈（1：1－10：10）；二、离开西奈前往加低斯（10：11－20：13）；三、从以东至约旦，前往应许之地（20：14－36：13）。它们所刻画的神人关系，从基调上来说，第一、三部分是积极的、乐观的，而第二部分则是悲观的、黑暗的。

《民数记》11 至 21 章的加低斯流浪叙事，可归结为一个以"怨言"为主题的叙事循环链。它包含六个怨言单元，共同遵循着一定的叙事结构，即：A. 向摩西发怨言，抱怨人们在旷野中的艰辛和缺食少水；B. 这些怨言被上帝听见，或上帝向人们显现；C. 上帝发怒并降罚，如火、瘟疫、毒蛇等；D. 人们哀求摩西；E. 摩西向上帝代求；F. 惩罚停止。

结构	主题	第一故事	第二故事	第三故事	第四故事	第五故事	第六故事
A	发怨言	11：1a	12：1－2a	14：1－4	16：1－3	16：41	21：5
B	耶和华听见	11：1b	12：2b－8	14：10	16：19	16：42	
C	耶和华发怒并降罚	11：1c	12：9－10	14：11－12	16：31－35	16：44－45	21：6
D	人们哀求摩西	11：2a	12：11－12			16：46	21：7a
E	摩西祈求耶和华	11：2b	12：13	14：13－19	16：22	16：47	21：7b
F	惩罚停止	11：2c	12：14－15	14：20		16：48－50	21：8－9

以"怨言"为主题的旷野流浪叙事，其意义是多层面的：一、在

历史学意义上，它表明以色列人在形成一个以耶和华崇拜为核心、以对约的忠诚为基础的群体过程中，面临着来自于古老的、松散的支派传统的反抗。摩西所领导的宗教改革将宗教制度化和阶层化，从一开始就与平等主义的、离散性的民间宗教传统构成了紧张关系。二、在神学意义上，这些"怨言"叙事所强调的不仅是以色列人对于摩西领袖地位的挑战，而且将其深化为人对上帝本身的不信任、对上帝意志的悖逆，为后人将其本体化为人性中不断背离上帝的罪性，提供了权威的圣经文本。[1]三、在这些怨言叙事中，耶和华上帝的"慈爱、赦罪"本性不断被强调，构成摩西能为以色列人代求上帝赦罪的神学基础。

◇ 四 出埃及的历史性问题

与先祖们一样，出埃及也被置于一个历史时空的框架之内。按古代近东的考古学年表，上述出埃及的时间正处于青铜时代晚期，即公元前 1550 至 1200 年之间。自启蒙运动以来，人们对于出埃及以及旷野流浪的历史性也提出各样的疑问，同样形成了疑古与信古两个派别。

我们先看看晚期青铜时代的埃及与迦南地区的一般性关系。从人文地理学的角度来说，埃及与迦南之间有着密切的互动关系。迦南地处地中海东岸，属典型的地中海气候，夏天干燥炎热，

---

1 可参《新约》的《哥林多前书》10：5 – 11；《希伯来书》3：17；《犹大书》11 章；《启示录》2：14等。

冬天温暖湿润。其地貌山多地少，农业收成取决于天气状况，生存条件较为恶劣。其政治系统以城邦制小国为主，不具强大动员能力，无法改造自然生态。与之相反，埃及依靠尼罗河形成的冲积平原，土地较为肥沃，尤其在与迦南接壤的尼罗河三角洲地区，十分有利于农业生产。同时，埃及王朝的国家行政系统十分发达，能够调动国家资源应对恶劣气候。对生活在迦南的人来说，饥荒年月的唯一出路就是"下埃及"逃荒。《创世记》中亚伯拉罕、雅各在饥年下埃及，正是这种生活的写照。

从青铜时代到铁器时代，都有充分的考古证明迦南向埃及的人口流动，他们或者是短期在埃及劳作，或者是进行短期贸易，或者被抓为战俘长期为奴。到青铜时代晚期，迦南的城邦国家以及其他人群都处于埃及统治之下，成为埃及的殖民地。或者说，它们是埃及与北部其他大国如米丹尼（Mitanni）和赫梯等争夺的对象，冲突的缓冲带。如果以色列人是在晚期青铜时代出埃及、进迦南的话，这就是基本的时代背景。

再从疑古派说起。他们认为出埃及叙事多为神话，而非历史。而且，在众多关键事件上，圣经本身就说法不一。如出埃及的时间，按《列王纪上》6 章 1 节，"以色列人出埃及地后四百八十年，所罗门作以色列王第四年"，如果按通常认为所罗门于公元前 970 年左右做王，那么，以色列人就是公元前 1466 年前后出埃及。他们在旷野流浪 40 年，那么出埃及的整个事件就指公元前 1466 至 1426 年。[1]另参照《士师记》11 章 26 节，到士师耶弗他时

---

1 参《民数记》14:33;《申命记》1:3,29:5; 可知以色列人出埃及后，在旷野流浪 40 年。

代,以色列人住在约旦河流域已经有 300 年了,似乎支持这一时间。[1]但是,按《出埃及记》对摩西及其助手约书亚的叙述,从雅各到摩西中间隔 3 代,即"雅各—利未—革辖—暗兰—摩西"。但约书亚却与雅各相隔了 10 代,即"雅各—约瑟—以法莲—以利阿—利悉—他拉—他罕—拉但—亚米忽—以利沙玛—嫩—约书亚"。另外,如果把《士师记》中每个士师治理的时间相加,士师时代就是 410 年。加上士师时代之前的 40 年旷野流浪,7 年的征服时间,以及约书亚那一代的人去世。再加上士师时代之后,所罗门即位之前以利统治 40 年,撒母耳治理 12 年,扫罗治理 20 年,大卫治理 40 年。这样,从所罗门即位第 4 年至出埃及时间就应该是 573 年,也就是说,以色列人是在公元前 1540 年左右出埃及。这样的矛盾说明,简单地上推式确定出埃及的时间将会疑问重重。

对于以色列人出埃及的规模,人们也提出疑问。按《出埃及记》12 章 37 至 39 节,"除了妇人、孩子,步行的男人约有六十万",这一数字在《民数记》中多次被提及。[2]加上他们的家庭,以色列人出埃及当有 200 万人以上。这样的规模在古代世界是一个惊人的数字。如果是这样的话,以色列人无需逃出埃及,他们简单地征服埃及就可以了。最后,与先祖叙事一样,圣经中关于埃及与出埃及的叙事被认为充满了"历史倒置"。

---

1 当然还可能有另一个算法,即圣经中的 40 年其实是一个虚数,其实际含义是指"一代人",如《士师记》3:11,5:31,8:28,13:1;《撒母耳记上》4:18;《撒母耳记下》5:4;《列王纪上》11:42;《列王纪下》12:1。这样,所谓"四百八十年"就要重新衡量,因为它正是 12 个 40 年,那么 480 年实际上指的是 12 代。大致来说,在古代,一代人大致是 20 年。这样,出埃及事件的年表就落在公元前 1226 至 1206 年之间。

2 《民数记》2:32,"共有六十万零三千五百五十名";《民数记》1:46,"共有六十万零三千五百五十名";《民数记》26:51,"共有六十万零一千七百三十名"。

最后看信古派的论证。首先,他们反驳疑古派的"默证法",即"没有某事的证据,就是某事不存在的证据"。在信古派看来,在历史直接证据缺失的情况下,可以用辅助性证据来证明圣经叙事的可信性。其次,他们有两个正面的论证策略:一、将圣经叙事放到它所设定的历史时空下,进行对照比较证实其真,从而指出圣经叙述的历史事件很可能是真的。二、将圣经叙事与经外文献进行比较,指出其主题、结构、用词上的相似性,从而论证出埃及叙事形成时间的古老,接近出埃及事件的发生时间,符合实证主义检验历史材料真实性的标准,是所谓的"信史"。例如,他们通过对埃及和迦南古文献或历史地理的分析,证明圣经上所记载的出埃及的那些事件"很可能真的"发生过。

　　有的信古派学者通过对出埃及叙事的文本分析,认为它相当古老、真实,因此出埃及的经验即使不是全部以色列人所共有,也起码是属于部分的以色列人。尤其是《创世记》39 章至《出埃及记》14 章对约瑟在埃及的描述,与青铜时代中期的埃及社会文化都相当吻合,对埃及天灾、逃跑路线的描述,也与尼罗河流域的自然生态一致。他们推测,出埃及可能最初只是以色列人中的核心家族——"约瑟家"的历史记忆。但随着以色列族群的不断扩张,南部犹大支派与北部约瑟家逐渐联合,迦南社会的其他族群,如亚设人、基遍人等,也都成为以色列人的一部分。随之,约瑟家的历史记忆便扩大为全体以色列人的族群记忆,也就是圣经的出埃及叙事。

⊙ 五 旷野流浪的历史性问题

按《出埃及记》直至《申命记》，以色列人在出埃及之后、进迦南之前，有一段 40 年的旷野时期。它包括在西奈山与上帝的立约（出 16 至民 10：10），以加低斯巴尼亚（Kadesh-Barnea）为主要据点的 38 年流浪（民 10：11 - 20：14），在西奈半岛南部或约旦河东岸的沙漠或半沙漠地区的行军作战，最后到达摩押平原（民 20：14 至《申命记》）等。对于旷野流浪的历史性问题，同样存在信古与疑古之争。

对于以色列人在西奈半岛与内格夫沙漠地区的流浪，信古派的主要论证方式是：通过这些发现的宗教遗址或物件，来证明圣经《民数记》中以色列人不仅遭遇到这样的宗教操习，而且将这些宗教操习加以改变，吸收到以色列人的宗教生活中。这些宗教信仰与实践包括：竖石崇拜、空旷圣所、雉堞状石标。以色列人强调不可用任何凿成的石头作为神像崇拜，或者神祇只能是无形无象的，有可能是学习南部旷野地区这种以未动过凿子的竖石作为神祇象征的做法。对于以色列人在旷野流浪过程中制造的会幕，信古派也依据埃及壁画上的类似材料，论证其历史可能性。

但疑古派的证据似乎更有力。首先，西奈在哪里就是个疑问。是在今天的西奈半岛，还是在阿拉伯半岛的西北部（即圣经的米甸地区），人们都无法确定。圣经内部也存在着相互矛盾的传统。其次，对于以色列人的流浪路线到底怎样，圣经的记载也有矛盾。再后，沿着以色列人旷野流浪的大致路线，考古学挖掘也几乎全面否定了以色列人青铜时代晚期在这些地方流浪的可能性。以色列人在约旦河东岸遭遇的国家，如希实本、摩押、亚扪、以东等，在晚期青铜时代都不太可能存在。最后，圣经的旷野流浪叙事中浓重的神学意识形态色彩，也是疑古派学者用来反对其历史真实性的重要依据。

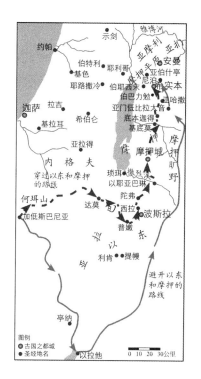

◉ 六 出埃及叙事中的神学主题

出埃及是古代以色列宗教的核心经验，五经的大部分经文（包括《创世记》和《申命记》）都与以色列人进出埃及相关，因此，以圣经出埃及叙事作为文本依据，可以进行非常丰富、深刻的神学阐述。几乎犹太—基督教传统的所有神学主题，都可以在出埃及叙事中找到呼应。在此，我们只以"出埃及与西奈"、"旷野流浪"的神学想象为例，做一简要说明。

1. 出埃及与西奈：拯救与诫命

在圣经这部神学典籍中，出埃及这一历史事件构成"解放"或"拯救"的隐喻。与之相对应，西奈则是"诫命"或"律令"的隐喻。因此，圣经关于出埃及、进西奈的叙事，便为人们在神学上讨论"拯救"与"诫命"的关系提供了重要的文本空间。

犹太—基督教传统对这两者之间的关系都十分关注。前者可谓"故事"，以叙述方式来讲述上帝介入人类历史的拯救事件；后者可谓"律令"，以法则或"约"的方式来传达上帝对于人们的普遍命令。犹太教称前者为"哈加达"（haggadah），其希伯来词根意为"言、讲"，后者为"哈拉卡"（halakah），希伯来词根意为"行、做"。这样的思想结构，同样进入基督教的意义系统之中，前者演化为"福音"，是对上帝通过耶稣基督拯救人类的叙述，后者在《新约》中被称为"律法"，即以爱神爱人为核心的一套道德律令。

将出埃及拯救叙事、西奈律法置于圣经同一个文本空间之内，不仅改变了五经的文学结构，而且带来了非常丰富而深刻的神学讨论，即拯救与律法、信仰与道德、圣约与诫命的关系问题，也成为不同宗教传统、不同神学倾向争论的核心所在。圣经所设置的出埃及叙事与西奈律法之间的文本先后关系，也被诠解为拯救和律法之间谁为第一性、谁为第二性的神学问题。人们既可以把在前的文本理解为基础和前提，也可以把在后的文本理解为高潮和目的。例如，在出埃及的拯救事件之后颁定西奈律法，常被基督教传统用来解释救赎恩典之后的道德责任的确立，即人们之所以接受立约中的责任，乃是对耶和华的救赎之功的感恩回应。

以此认为恩典是第一性的,律法是第二性的,从而为《新约》中保罗对于律法所持的批判立场作辩护。而在犹太教传统之中,拯救事件常被解释为西奈律法的序幕,"言"的目的在于"行",上帝启示之高潮乃在于西奈律法之颁示,上帝的拯救恩典只是为此律法之确立所做的准备与铺垫,从而回应犹太传统对于律法的至上尊重,并反击保罗在《新约》中扬基督福音、抑犹太律法的立场。

当然,人们都意识到,出埃及的拯救与西奈的立约之间并不存在谁先谁后的问题,而是都统率在"耶和华的子民"这一概念之内。也就是说,上帝之圣民的身份,不仅表现在耶和华对他们的特殊恩宠,介入人间历史拯救他们,也表现在以色列人对律法诫命的遵守。

2. "旷野"之神学内涵的多样与变易

五经中关于以色列人在以西奈为中心的旷野流浪的描述是模糊而多元化的,因此后世人们常因应情境的需要而对"旷野"这一形象做出多样化的解释。

首先,在公元前 8 世纪的何西阿先知看来,旷野时期是神人关系的理想时期。他说:

我(指耶和华)曾在旷野干旱之地认识你。(何 13:5)

也就是说,出埃及是以色列成为"上帝之子"的开始,旷野时期则是神人关系的蜜月期。他在设想以色列人所能回归到的神人之间的美好关系时,也以旷野作为象征:

后来我（隐喻耶和华）必劝导她（隐喻以色列民），领她到旷野，对她说安慰的话。她从那里出来，我必赐她葡萄园，又赐她亚割谷作为指望的门。她必在那里应声，与幼年的日子一样，与从埃及地上来的时候相同。（何 2:14–15）

同样情形亦见于公元前 7 世纪耶利米先知的神学想象：

耶和华如此说："你幼年的恩爱，婚姻的爱情，你怎样在旷野，在未曾耕种之地跟随我，我都记得。那时以色列归耶和华为圣，作为土产初熟的果子，凡吞吃它的必算为有罪，灾祸必临到他们。"（耶 2:2–3）

在他们看来，"旷野"的神学内涵是正面的，象征着以色列人与耶和华之间的"恩爱"关系。

公元前 8 或 7 世纪的何西阿和耶利米先知所面对的是仍然在应许之地生活的以色列或犹大，他们的批判所针对的也主要是以色列人从迦南文化引入的崇拜巴力或偶像之罪，因此他们将旷野时期视为神人关系的"黄金时代"，以之作为批判当下以色列人宗教实践的坐标。如果以色列人能够回复到西奈旷野时期的理想状态，那么他们仍然可以居留于"应许之地"。但是，对公元前 6 至 5 世纪的以西结先知来说，已不存在居留应许之地的指望。他们的核心问题是要解释为何以色列人被逐出应许之地，因此，他们以此新眼光去回溯历史，并对旷野时期做出新的解释。在以西结看来，以色列民从其最初被拣选的出埃及时刻开始，包括此后的旷野时期，都是一个不断背离上帝的历史，是一个充满"罪"的历史。

> 这样，我就使他们出埃及地，领他们到旷野。将我的律例赐给他们，将我的典章指示他们；人若遵行，就必因此活着。又将我的安息日赐给他们，好在我与他们中间为证据，使他们知道我耶和华是叫他们成为圣的。以色列家却在旷野悖逆我，不顺从我的律例，厌弃我的典章，大大干犯我的安息日。我就说，要在旷野将我的忿怒倾在他们身上，灭绝他们。（结 20：10－13）

这既从神学上解释了为何以色列人作为"圣约之民"，却被逐出应许之地的历史现实，又为将来的回归或复兴指出希望所在，即不在于人的自然本性，而只能依赖于耶和华上帝的纯粹恩典。

可见，"旷野"形象在先知传统中也是处于变易之中，人们依据情境而对五经中的旷野叙事做出不同的解释，赋予其各异甚至矛盾的神学内涵。

◇ 思考题

1. 试述《出埃及记》的文本结构,并按自己的理解,指出这样的文本结构蕴含着怎样的思想主题。

2. 《民数记》是一部怎样的书? 后来的先知们是怎样赋予"旷野"形象以不同的意义?

3. 你怎么看待出埃及的历史性问题? 试对信古派与疑古派的争论做一评价。

📖 进深阅读

1. Aharoni,Y.,Michael Avi-Yonah,Anson Rainey & Ze'ev Safrai,*The Macmillan Bible Atlas*, 3rd ed.（New York：Macmillan，1993）

2. Dever,William G.,*What Did the Biblical Writers Know & When Did They Know It?：What Archaeology Can Tell Us about the Reality of Ancient Israel?*（Grand Rapids：Eerdmas，2001）

3. Dever,William G.,*Who Were the Early Israelites and Where Did They Come From?*（Grand Rapids：Eerdmas，2003）

4. Dever，William G.，"Will the Real Israel Please Stand Up?：Archaeology and Israelite Historiography：Part I" & "Part II"，*Bulletin of the American Schools of Oriental Research* 297（1995）：61 – 80；298（1995），37 – 58

5. Finkelstein，Israel，*The Archaeology of the Israelite Settlement*，trans. by D. Saltz（Jerusalem：Israel Exploration Society，1988）

6. Finkelstein，Israel，*The Bible Unearthed：Archaeology's New Vision of Ancient Israel and the Origin of Its Sacred Texts*（New York：Free Press，2001）

7. Fleming，Daniel，"Mari's Large Public Tent and the Priestly Tent

Sanctuary", *Vetus Testamentum*, 50/4 (2000), 484－498

8. Gottwald，N. K.，*The Tribes of Yahweh：A Sociology of the Religion of Liberated Israel*，*1250－1050 B. C. E.*（Maryknoll，N. Y.：Orbis，1979）

9. Hess，Richard，*Israelite Religion：An Archaeological and Biblical Survey*（Grand Rapids：Baker，2007）

10. Hoffmeier，James，*Israel in Egypt：The Evidence for the Authenticity of Exodus Tradition*（Oxford：Oxford University Press，1996）

11. Kerkeslager，Allen，"Mt. Sinai-in Arabia?"，*Bible Review* 16/2（April，2000），32－39，52

12. Kitchen，Kenneth，*On the Reliability of the Old Testament*（Grand Rapids：Eerdmans，2003）

13. Lawrence，E. Stager，"Forging an Identity"，Michael Coogan，ed.，*The Oxford History of the Biblical World*（New York：Oxford University Press，1998）

14. Miller，J.，& John Hayes，*A History of Ancient Israel and Judah*（Louisville：Westminster John Knox Press，1986）

15. Stern，Ephraim，*Archaeology of the Land of the Bible：The Assyrian，Babylonian，and Persian Periods*（*732－332 BCE*）（New York：Doubleday，2001）

16. Stern，Ephraim，ed.，*The New Encyclopedia of Archaeological Excavations in the Holy Land*（Jerusalem：The Israel Exploration Society & Carta，1993）

17. 李晓东:《埃及历史铭文举要》,北京:商务印书馆,2007 年

18. 田海华:《希伯来圣经之十诫研究》,北京:人民出版社,2012 年

第六章
《申命记》与申典历史

  《申命记》虽然居于五经之末，但即使粗略一看，也可发现其特殊之处：一、它是一个自足的、独立的文本，不依赖于前后任何书卷即可独立成篇；二、它所采用的形式是摩西即将离世时对以色列人发表的总结性演讲，可谓对以出埃及为基本背景的前三经的概括；三、它的桥梁角色十分显著，它前接以色列人在旷野的流浪，后启约书亚被拣选率领以色列人进入应许之地。在历史上处于以色列人将进而未进迦南的关键时刻，在文本上则处于五经向历史书过渡的部分。

一 《申命记》的文本结构

从其结构来看,《申命记》是一部整齐、系统的经卷,内部的层次也比较清晰:

A. 摩西的第一个演讲,1章1节至4章40节

1. 导引(1:1–5)

2. 摩西概述以色列人离开何烈山之后发生的事情(1:6–3:29)

3. 以是否遵从耶和华的诫命为核心的福(4:1–22)与祸(4:23–31)

4. 叙述申典神学的要旨:耶和华出于爱而拣选以色列人,并启示神法(4:32–40)

B. 摩西的第二个演讲,4章44节至28章

1. 对"申命记法典"所做的导引性演讲(4:44–11:32)

2. "申命记法典"(12–26章)

3. 以祝福与咒诅为主题的结论(27–28章)

C. 摩西的第三个演讲(29至30章)

1. 在"今日"的圣约更新,强调圣约对当下的适用性(29:1–14)

2. 谈到以色列人因为背离圣约而遭受流放(29:15–27)

3. 未来又回归故土的可能(30:1–10)

D. 一些附加的单元(31 至 34 章)

1. 摩西最后的吩咐(31 章)

2. 两首古诗,"摩西之歌"(32 章)与"摩西祝福之歌"(33 章)

3. 摩西之死的叙述(34 章)

另一种更简单的结构分析是:一、1 章 1 节至 4 章 40 节与 4 章 44 节至 11 章 32 节,是两个导论性演讲;二、12 至 26 章是一个法律汇编;三、27 至 34 章为结尾,其中 28 至 30 章是摩西的讲演,是对《申命记》起首的呼应。

第一个导论性演讲的结构也很清楚。1 章 19 节至 2 章 15 节的主题是:在何烈山的一代人不相信应许之地,因此不能进入迦南;2 章 16 节至 3 章 21 节的主题是:新一代兴起,在与约旦河东岸诸王的战斗中经历耶和华的引领;4 章 1 至 31 节的主题是:新一代也必须遵守耶和华在何烈山发出的诫命,否则将被从地上赶出;4 章 32 至 40 节是一个神学总结:耶和华作为创造天地的主,从万民中拣选以色列人,并向他们启示律法。

第二个导论性演讲则与随后的"法律汇编"(12 至 26 章)关系更为紧密。其中,4 章 44 至 49 节为一个简短的题记,5 章是对十诫的重述。随后的 6 至 11 章是对十诫中"第一诫"所做的阐述,而 12 至 26 章则是以十诫为基础而展开的律法体系。

12 至 26 章的法律汇编既包含一些古老的内容,甚至可以与《出埃及记》的"约书"进行平行比较,又显著地体现出较晚近的申典神学的编修框架。它开篇即显示出其神学主题,即"集中崇拜",只能在"上帝选为他名的居所"(即耶路撒冷)献祭和敬拜。

诸如14 章 22 至 26 节,15 章 19 至 23 节,16 章 1 至 17 节,17 章 8 至 13 节,18 章 1 至 8 节及 26 章 1 至 11 节,都围绕着这一主题。"集中崇拜"有两个重要内涵:一、纯洁崇拜。将所有非以色列人的崇拜清除出去。二、统一崇拜。所有的崇拜都集中到耶路撒冷圣殿。

在接下来的章节中,28 章的祸福之论似乎对应着第二个导论性演讲的结尾。这样,29 章又构成一个新的开始,强调立约就发生在"今日",后世将受当下的影响。在 30 章 15 至 20 节又再次出现"守约得福,背约受祸"的主题。31 至 34 章的总体结构是摩西最后的劝诫和选择约书亚作为他的继任者。32 章的"摩西之歌"被认为是古代以色列人最古老的诗歌之一,很可能曾独立流传。而约书亚被拣选的叙事则呼应随后的"历史书",再次显示出《申命记》的桥梁角色。

二 《申命记》的文学形式

学者注意到《申命记》所采取的文体结构非常程式化,猜测它在社会学上起源于某种仪式化的立约程序。按冯拉德的研究,其总体结构如下:

1. 历史叙述(1-11 章)
2. 律例法则(12:1-26:15)
3. 相互的责任(26:16-19)
4. 祝福与咒诅(27-28 章)

它对应着这样一个立约仪式：人们先叙述历史，再宣示律令，要求参与者宣誓遵守，最后宣告遵守律令的祝福和违背律令的咒诅。由于 27 章还提到要在"以巴路和基利心山"之间宣示此律，冯拉德认为《申命记》的社会原型就是北国传统以示剑为圣所而举办的"圣约更新仪式"。

冯拉德的推测虽然没有得到完全验证，但他关于《申命记》结构隐含某种立约程序的观点却为人们所普遍认同。那么，接下来的问题是：在古代西亚文化的漫长发展过程中，存在着丰富多元的立约传统，那么，《申命记》的结构与哪种立约传统更为接近呢？

简言之，这些立约传统可分为：一、应许之约，即地位更高的某一方无条件地向地位低的另一方许诺；二、平等之约，即立约双方相互承担责任并享受权利；三、宗主与属国之约，即宗主国要求属国表达忠诚，并承担责任的不平等之约。而根据古代西亚学者的研究，后面这一种宗主之约在赫梯帝国与亚述帝国中又有差异。按前者，属国向宗主国誓言忠诚，宗主国也要向属国示好，并承担保护的义务，所以，在赫梯之约中，既有对属国背约的惩罚，也有对守约的祝福。按后者，则只是单纯地、冷冰冰地要求属国誓言忠诚，却没有宗主国的责任，在立约的最后，也只有对背约的惩罚，却没有对守约的祝福。

对古代西亚文化的立约传统进行考察，有助于我们理解《申命记》以什么样的人际关系来类比上帝与以色列之间的神人关系，进而理解希伯来宗教的特质。显然，《申命记》采用的不是前两种立约传统，其文体属于"宗主—属国"之约的形式。它在神学上意味着：一、在神人之间的立约关系中，人处于"属国"这一极，它必须向"宗主"耶和华表示爱与忠诚。确实，《申命记》始终强调以色列人要"爱"耶和华，并且"尽心、尽性、尽意"（6：5），"敬畏"（ירא，fear）、"谨守"（שמר，keep）、"听从"（שמע，hear）始终是全书的关键字眼。二、《申命记》采取的是赫梯文化中的立约概念，即宗主与属国之间有互动的关系，上帝与以色列人的神人关系也有互动性。在此，亚述与赫梯之约的相异之处，也展示出《申命记》所理解的神人关系之特质所在。《申命记》1 至 11 章是一个历史序言，表示耶和华对以色列人的善意与爱。在赫梯立约中也有这样的部分，以证明它要求属国的忠诚是合理的。但在亚述宗主之约中，则恰恰缺少这一部分，因为在它看来，亚述之王就是宇宙之王，既无必要、也不可能向属国显示它的慈爱与恩典。此外，《申命记》27 至 28 章既有对背约的咒诅，又有对守约的祝福，它不像亚述之约，而更像赫梯之约，强调神人之间的互动性。三、在宗主—属国之约中，隐含着一种排他性关系，这一内涵亦表现在耶和华与以色列人的关系之中。西奈圣约与先知运动都强调，耶和华要求以色列人排他性地尊崇。在西亚文化的背景之下，这是希伯来宗教最具特色的地方，也排除了其走向二神（男神与女神）崇拜、多神崇拜的可能。四、宗主—属国的立约形式，进一步强化了耶和华是以色列人的王的宗教观念。在某种意义上，这也是《申命记》对政治王权形成较强烈的批判态度的神学基础，因为在它看来，立人为王是对耶和华王权的僭越。

⑨ 三 《申命记》的作者与编者

《申命记》表现出文体上的完整性、思想上的系统性,使人推测它的编写与前四经不同,即不是由于各种传统的逐渐堆聚层累,而是有一个较固定的作者群或学派,并在一个比较确定的时期编著而成。那么,这一时期可能是何时呢? 这些编著者又是些什么人呢?

由于《申命记》对集中崇拜的重视,而这很可能与国家集权的政治努力相一致,因此,人们很自然地将目光投向南国犹大晚期的约西亚时代。按《列王纪下》22 章 3 至 13 节:

> 约西亚王十八年,王差遣米书兰的孙子、亚萨利的儿子、书记沙番上耶和华殿去,吩咐他说:"你去见大祭司希勒家,使他将奉到耶和华殿的银子,就是守门的从民中收聚的银子,数算数算,交给耶和华殿里办事的人,使他们转交耶和华殿里作工的人,好修理殿的破坏之处。……"大祭司希勒家对书记沙番说:"我在耶和华殿里得了律法书。"希勒家将书递给沙番,沙番就看了。书记沙番到王那里,回复王说:"你的仆人已将殿里的银子倒出数算,交给耶和华殿里办事的人了。"书记沙番又对王说:"祭司希勒家递给我一卷书。"沙番就在王面前读那书。
>
> 王听见律法书上的话,便撕裂衣服,吩咐祭司希勒家与沙番的儿子亚希甘、米该亚的儿子亚革波、书记沙番和王的臣仆亚撒

雅说:"你们去,为我、为民、为犹大众人,以这书上的话求问耶和华,因为我们列祖没有听从这书上的言语,没有遵着书上所吩咐我们的去行,耶和华就向我们大发烈怒。"

约西亚在位的时代,就国内环境而言,北国已亡,大量难民南迁,带来了南国人口的繁荣,同时,北国的宗教精英南迁,带动了南国的耶和华信仰的发展;就国际环境而言,其传统宗主国即亚述开始走下坡路,公元前 625 年,亚述曾经的属国巴比伦,在那波帕拉萨(Nabopolassar)的带领下从亚述国获得独立,国力昌盛。亚述则每况愈下,本土难保,无力西顾。因此,约西亚通过宗教改革来发动以强化耶路撒冷中心地位、提振以色列自信为核心的政治改革是完全有可能的。

问题是:如果约西亚王在圣殿中得到的是一部"书"、一部"律法书",并以其作为改革宪章的话,应该被保存并编入到圣经中,那么,圣经中的哪部书或哪个部分可能会是这部"律法书"呢? 首先,它不太可能是今天通常意义上所说的"律法书",即五经,理由如下:一、五经直到很晚(可能在后流放时期)才编修完成。二、按《列王纪下》23 章 2 至 3 节,这部书是一部"约书"(ספר הברית, the book of the covenant),以色列人遵守上面的"约言"(דברי הברית, the word of the covenant),他们进入到"约"(הברית, the covenant)的束缚与捆绑之中。总之,它强调人们要"遵守约书上的约言",而五经的内容非常多样、复杂,远非"约书上的约言"所能概括。三、五经的另外两个较为独立的律法单元:《出埃及记》20 章 23 节至 23 章 19 节的"约书"内容是关于以色列社会生活的习惯法,而《利未记》17 至 26 章的"圣洁法典"则主要是关于祭祀的定制,都与约西亚改革的背景有着极大差异。它们都不可能是这里所指的"律法书"。

在圣经中,唯一与约西亚改革背景较为切合,文体及内容都是关于"约言"或"约书",形式又较为独立的律法单元,就是《申命记》12 至 26 章中的文献,通常称为"申命记法典"。理由如下:一、在形式上,申命记法典的体裁是盟约形式,可被称为"约书"。通过对赫梯与亚述等西亚文明的比较研究,学者发现,申命记法典采用西亚文明中宗主国与附庸国之间的立约,来比附耶和华神与以色列民之间的关系。更具体地说,它有可能来自于北国以示剑为中心的更古老的圣约更新传统。二、申命记法典的文风较为独特,它所采用的术语、传述耶和华诫命采用的讲道方式,与公元前7 世纪,即约西亚改革前后的作品(如《耶利米书》等)较为接近。三、约西亚所发现的"律法书"(התורה,The Torah)作为指代一个具有权威的、包含神法的文本的专用词,在五经中只有《申命记》多次使用,而在其他"四经"中,"律法"(תורה,这时英文常译为law 或 regulation)或是仅指一些特定条例,或是仅指广义的法则。

对约西亚改革与《申命记》加以比较,可以看到:圣经关于约西亚的历史叙事,并不只是泛泛叙述,其所用词语、所记事件都是以《申命记》中理想君王的形象作为底本的。将它们对比如下:

主　题	《列王纪下》对约西亚的描述	《申命记》中理想君王的形象
1. 爱耶和华	在约西亚以前,没有王像他尽心、尽性、尽力地归向耶和华,遵行摩西的一切律法;在他以后,也没有兴起一个王像他。(23:25)	你要尽心、尽性、尽力爱耶和华你的神。(6:5)
2. 不偏左右	约西亚行耶和华眼中看为正的事,行他祖大卫一切所行的,不偏左右。(22:2)	要按他们所指教你的律法,照他们所断定的去行,他们所指示你的判语,你不可偏离左右。……免得他向弟兄心高气傲,偏左偏右,离了这诫命。这样,他和他的子孙,便可在以色列中,在国位上年长日久。(17:11-20)
3. 在众人面前宣读律法书	王和犹大众人,与耶路撒冷的居民,并祭司、先知和所有的百姓,无论大小,都一同上到耶和华的殿;王就把耶和华殿里所得的约书念给他们听。(23:2)	以色列众人来到耶和华你神所选择的地方朝见他。那时,你要在以色列众人面前将这律法念给他们听。(31:11)
4. 将偶像火烧研碎成灰,倒在溪水中	又从耶和华殿里,将亚舍拉搬到耶路撒冷外汲沦溪边焚烧,打碎成灰,……犹大列王在亚哈斯楼顶上所筑的坛和玛拿西在耶和华殿两院中所筑的坛,王都拆毁打碎了,就把灰倒在汲沦溪中。(23:6,12)	我把那叫你们犯罪所铸的牛犊用火焚烧,又捣碎磨得很细,以致细如灰尘,我就把这灰尘撒在从山上流下来的溪水中。(9:21)

主　题	《列王纪下》对约西亚的描述	《申命记》中理想君王的形象
5. 在耶路撒冷守逾越节	王吩咐众民说："你们当照这约书上所写的,向耶和华你们的神守逾越节。"自从士师治理以色列人和以色列王、犹大王的时候,直到如今,实在没有守过这样的逾越节;只有约西亚王十八年在耶路撒冷向耶和华守这逾越节。(23:21-23)	只当在耶和华你神所选择要立为他名的居所,晚上日落的时候,乃是你出埃及的时候,献逾越节的祭。当在耶和华你神所选择的地方把肉烤了吃,次日早晨就回到你的帐棚去。(16:6-7)

描述约西亚改革的这些用词、用语与《申命记》之相似,不能简单地归于语言的自然原因所致。因为在希西家王的改革中,其措施大致与约西亚相似,但这些词的出现频率要低得多。而在《列王纪》接下来的最后两章中,所有这些用语也都消失了。这说明约西亚改革与《申命记》之间存在着密切的关联。

更重要的是,在强调耶和华崇拜的纯洁性,并要求以色列人进行集中崇拜的基本精神上,申命记法典与约西亚改革也是一致的。以律法文体要求以色列人进行集中崇拜的第一次出现,是在申命记法典中,这些集中崇拜包括:拆毁各地的邱坛;只到"耶和华所选择要立为他名的居所"献祭;每年的节日到耶路撒冷朝圣等等。此外,一些细节也反映出它们之间的一致性,例如:约西亚将亚述宗教中的"日、月、行星和天上万象崇拜"废去,这只在《申命记》4章19节与17章3节有详细规定;约西亚庆祝逾越节的方式与《申命记》16 章 1 至 8 节的规定也相当一致。

这些证据表明：约西亚改革所依据的"律法书"就是最初的《申命记》。它既包含了一些古老的律法材料，又有推动约西亚宗教—政治改革的人所做的新编修。这些围绕在约西亚身边进行改革，以《申命记》作为神学纲领的人被统称为"申命记学派"或"申典学派"。他们就是《申命记》的编著者。

◉ 四 《申命记》的神学思想

《申命记》是以色列人在重要历史关头所做的神学回顾。在文体上，它采用摩西临终教导的散文体裁，这使得它有异于《希伯来圣经》其他书卷，更易于进行系统的神学论述。所以，《申命记》是一部神学著作，《希伯来圣经》中再没有其他书卷比它更适合这样的称号。它对以色列人与耶和华之间关系的论述，其系统性以前没有过，以后也不再有。它将历史、神学与道德完美地结合在一起，并集中地表述为以色列对于一个从万民中拣选以色列人、参与到以色列历史之中的独一上帝的信仰。其核心经文就是 4 章 34 至 40 节：

神何曾从别的国中将一国的人民领出来，……像耶和华你们的神在埃及、在你们眼前为你们所行的一切事呢？……他从天上使你听见他的声音，为要教训你；又在地上使你看见他的烈火，并且听见他从火中所说的话。因他爱你的列祖，所以拣选他们的后裔,用大能亲自领你出了埃及,要将比你强大的国民从你面前赶出,领你进去,将他们的地赐你为业,像今日一样。所以今日你要知道,也要记在心上,天上地下惟有耶和华他是神,除他以外,再无别神。我今日将他的律例、诫命晓谕你,你要遵守,使你和你的子孙可以得福,并使你的日子在耶和华你神所赐的地上得以长久。

这段经文,乃至整部的《申命记》,都采取了一种"因为以前,所以今日"这样的总体结构,围绕着在时间上的"出埃及"历史事件,以及空间上的"应许之地"(即迦南定居),来展开神学上对爱、圣约、拣选、崇拜、律法的理解。以下分别论述。

1. "耶和华爱你的列祖"

《申命记》所采取的"宗主—属国"的立约文体,以宗主来比拟耶和华,以属国来比拟以色列,因此,它以宗主的身份要求以色列人"爱"并且"顺服"耶和华。但它首先是以历史叙述的方式,用"爱"(אהב, love)来概括耶和华在以色列人历史中的作为,以耶和华为神人之间"爱"之关系的主动者,以此来要求以色列人回应式地去爱耶和华。

因他爱你的列祖,所以拣选他们的后裔,用大能亲自领你出了埃及,要将比你强大的国民从你面前赶出,领你进去,将他们的地赐你为业,像今日一样。(4:37-38)

先有耶和华"爱"的主动,然后才是以色列人"爱"的回应,即独尊耶和华并遵守律例诫命。就此而言,它不是单向度、强制性地要求以色列人敬畏或爱上帝,而是将"爱"的宗教情感建立在以出埃及、西奈立约为历史内容的神人关系之上,使其具有历史神学的根基。

所以,《申命记》用"爱"与"敬畏"这两个辩证关系的词来讲解神人之间的关系。《申命记》的这两段经文都是犹太—基督教传统中的经典之作:

> 以色列啊,你要听! 耶和华我们神是独一的主。你要尽心、尽性、尽力爱(אהב, love)耶和华你的神。(6:4－5)
> 你要敬畏(ירא, fear)耶和华你的神,侍奉他,指着他的名起誓。(6:13)

它包含以下神学观点:一、由于耶和华对以色列的爱,以色列以爱回应耶和华,所以他们之间是一种"爱"的关系。二、一方面,"宗主—属国"之约的形式本身,就意味着以色列并非与耶和华上帝平等的主体,他对于耶和华的爱,就像属国对于宗主国的爱一样,乃是一种义务;另一方面,耶和华是"忌邪的神",不能容忍以色列违背圣约去敬拜别神,并将惩罚以色列人的罪。因此,耶和华要求以色列人的是"敬畏的爱"。把这种"敬畏的爱"放到具体历史之中来加以考察,也就是对"应许之地"与圣约之间关系的理解。

2. "应许之地"与圣约

《申命记》将摩西演说的场景设定在以色列人将要进入迦南之前,在约旦河东岸的摩押平原。如他所说:

> 如今我将这地摆在你们面前,你们要进去得这地,就是耶和华向你们列祖亚伯拉罕、以撒、雅各起誓应许赐给他们和他们后裔为业之地。(1:8)

但通过对《申命记》文体与内容的考察可知,它实际上反映的是:以色列人在这块"应许之地"生活了很长时间之后,以追溯从前的方式来总结历史。按照以色列人对自己历史的理解,他们的列祖本来是将亡的亚兰人,并且下到埃及为奴,耶和华将他们从埃及带领出来,来到这块"应许之地"。所以,"土地"乃是神人关系开展的一部分。在约西亚改革时期,人们自然会思考:在经历了征服迦南到北国灭亡、南国危殆的历史之后,怎样从神学上来看待土地在神人关系中的角色呢? 这实际上是《申命记》中不断出现"这地"(הארץ,the Land)主题的深层原因。

在将迦南地区视为以色列人的"应许之地"的理解上,古代以色列还存在另外一个传统。也就是说,按照更古老的传统(如带有南国色彩的 J 传统),迦南之地是耶和华通过亚伯拉罕和大卫对他们子孙(即以色列人)的应许。例如,《创世记》13 章 15 节:"凡你所看见的一切地,我都要赐给你和你的后裔,直到永远。"《撒母耳记下》7 章 16 节:"你的家和你的国,必在我面前永远坚立。你的国位也必坚定，直到永远。"这些传统神学表明：在统一王国时期，人们将土地理解为上帝无条件的、永远的对以色列人的应许。

但是，北国的陷落与南国的危殆动摇了人们的上述理解，所以《申命记》发展了另一个传统。它将"耶和华与列祖所立的土地应许之约"与"耶和华与以色列民所立的西奈（或何烈）律法之约"结合起来，用后者有条件的"属国之约"对责任的强调，去限制前者那种无条件的"应许之约"。换言之，能否履行西奈之约所命定的责任与义务，成为以色列人能否在应许之地居住的前提。"地"不再是"无条件的应许"的必然因素，而是"有条件的圣约"的一个可能结果。《申命记》的土地神学是与西奈的圣约神学联系在一起的。

吩咐你爱耶和华你的神，遵行他的道，谨守他的诫命、律例、典章，使你可以存活，人数增多，耶和华你神就必在你所要进去得为业的地上赐福与你。倘若你心里偏离，不肯听从，却被勾引去敬拜侍奉别神，我今日明明告诉你们：你们必要灭亡，在你过约旦河进去得为业的地上，你的日子必不长久。(30:16 - 18)

申典作者认为，以色列人在两个方面都违背了圣约，即：宗教上的偏离，敬拜别神，不能忠爱耶和华；没有谨守诫命，实行社会公义。在他们看来，正是因为犯了这些"罪"，以色列人才失去了应许之地。

在此意义上，《申命记》围绕着"土地"主题，整合并发展了过去的神学主题。这也表明《申命记》是对历史的总结，而非对历史的预测。它将应许之地与西奈之约整合到一起，可谓古代以色列神学的一个创举。

3. "拣选"观念

在论述神人关系时，《申命记》除了用"爱"这个词之外，还发展出另一个关键的概念：拣选（בחר，choose）。在《申命记》中，它主要是作为一个动词使用，如 4 章 37 节、7 章 6 节、14 章 2 节等。当以耶和华作为它的主语时，其所意味的不是在诸多事物之间进行量的比较，而是一种质的区别，常常意味着单独的、排他性的选择。例如，耶和华选择耶路撒冷作为他唯一的圣所，即称之为"耶和华所选择立他名的居所"。

在圣经中，正是《申命记》第一次以"拣选"这个词来界定耶和华与以色列人之间的关系。对于它的神学内涵，只有将其放在上下文中，才能清楚地得出。例如：

因为你归耶和华你神为圣洁的民，耶和华你神从地上的万民中拣选你，特作自己的子民。（7:6）

与"拣选"这个词在一起使用的介词，是理解"拣选"一词的关键。它们分别是：从……（מן，from），归……为（ל，to be）。也就是说，"拣选"一个动作表示两个意思：从……分别出来，又归于……当中。其意指以色列人被耶和华从万民中分别出来，归上帝为圣洁的子民。

所以，在圣经中，"拣选"首先意味着以色列人与其他民族的分别，表示以色列人的独特性。也许，阿摩司先知的一句话是对它的恰当解释：

在地上万族中，我只认识你们。（摩3:2）

这里，同样用了"从……"（מן，from）这个介词，它表示以色列人与其他民族的分别。同时，它加上"只"（רק）一词，强调其独一性。

其次，"拣选"又意味着以色列人成为耶和华的"特殊财产般的子民"（לעם סגלה，a special people），尤其是要成为圣洁之民。这里的סגלה一词较不常用，多指"个人所珍藏的某种特殊之物"（参吕振中译本《历代志上》29章3节"自己珍藏的"），所以，KJV将其译为"a special people"，而RSV译为"a people for his own possession"。但它的实际内涵都是前面所指明的"圣洁的民"。在希伯来文中，"圣洁"（קדוש，holy）与"拣选"有着类似的含义。קדוש原意即指"分别"，并常通过"不是……"的否定表达式来对它进行界定，如《何西阿书》11章9节："因我是神，并非世人；是你们中间的圣者，我必不在怒中临到你们。"因此，"拣选"所内含的"成为圣洁之民"的要求，使得耶和华与以色列人之间的特殊关系，不是成为一种特权，而是承担一种特殊责任。在此意义上，《申命记》又回到北国传统的深层神学原则，如阿摩司所言：正是因为在地上万族中，我只认识你，所以，你的一切罪孽都会被追讨（摩3:2）。

因此，《申命记》对于以色列民的"圣洁"身份与圣约责任之间的关系有一种微妙而精细的理解。简而言之,它表达了以色列人之"所是"(to be)与"所行"(to do)的关系:"圣洁"描述以色列人的"所是",而"圣约责任"则规定他们的"所行"。与四经的其他法典进行比较,可以清楚地看出《申命记》在这一点上的特别之处。例如,《出埃及记》说道:

> 如今你们若实在听从我的话,遵守我的约,就要在万民中作属我的子民;因为全地都是我的,你们要归我作祭司的国度,为圣洁的国民。(出 19:5-6)

换句话说,听从耶和华的诫命,遵守所立的圣约,是以色列民"成为圣洁"的条件,"所行"先于"所是",先要通过遵守律法洁净自己,履行道德(和宗教)责任,才能成为"圣民"。但是,对于《申命记》来说,次序恰恰相反,"所是"先于"所行"。因为是"圣民",所以"行圣事",或者说,"是圣民"是"行圣事"的出发点和基础。在《申命记》中常见这样的语式:

> 凡自死的,你们都不可吃,可以给你城里寄居的吃,或卖与外人吃,因为你是归耶和华你神为圣洁的民。(14:21)

可见,《申命记》将神人关系置于道德责任之前,耶和华对以色列人的拣选已经使他们成为圣洁,"成为圣民"已经内在于他们所经历的历史之中,而履行圣约中的道德和宗教责任不是成为圣洁的前提,而只是自然的结果。

4. 《申命记》的崇拜观

无论约西亚通过《申命记》发动宗教—政治改革的最初动机是什么,它所造成的影响都远远超出了他的动机。将所有崇拜集中到耶路撒冷,触动了以耶和华的本性是什么为基础而建构起来的一整套神学观念,如上帝的居所、上帝之名以及独一神论的上帝观念等,都深受其影响。

约西亚改革的核心是:摧毁以色列境内所有高地和圣所,确定耶路撒冷的圣殿为唯一敬拜耶和华的地方。这样,锡安圣殿就成为人与神沟通的唯一中介,它对以色列人对崇拜的看法产生了革命性的影响。人们自然要问:到底在什么意义上理解圣殿作为耶和华在地上的居所呢? 它又说明了上帝具有怎样的本性呢?

在以色列宗教的古老传统中,锡安圣殿被认为就是"耶和华居住的地方"。例如,在拿单向大卫所说的神谕之中,圣殿就被理解为耶和华的居所(לי בית לשבתי, a house for me to dwell)。在锡安神学传统中,锡安也因耶和华居住的圣殿而成为圣山:

在撒冷,有他的帐幕,在锡安,有他的居所。(诗76:2)

将圣殿理解为切实的耶和华居所,是将上帝理解为一种内在于世界的存在。但是,经过先知运动的推动,人们开始警惕于把耶和华的存在进行具体、形象的理解,使耶和华崇拜成为另一种拜物教的潮流。例如,在对约柜的理解上,前先知时期的人们将其理解为耶和华的显身之物(撒上4:6-7),自身就有神奇的能力,但先知们只将其理解为存放两块约版的所在,使之从崇拜的对象转变为律法的教育工具。也就是说,先知们将上帝理解为一个超越的存在,以律法与诫命作为神人之间的通达之路。申命改革受到先知运动的深刻影响,所以《申命记》不再称圣殿为"神的居所",而是"耶和华所选择要立他名的居所"(לשכן שמו שם, cause his name to dwell there)。

《申命记》作者非常小心地使用"耶和华所选择要立他名的居所"这个词,意在强调圣殿只是"上帝之名"的居所。全书没有一处谈到耶和华居住在殿中,或者直接称圣殿为耶和华的殿。它始终只讲圣殿是耶和华之名的居所,或者是为他的名建造的。也就是说,它一方面强调圣殿的神圣性,另一方面又只称圣殿为"耶和华之名"的居所,从而强调上帝的超越性。

同样的精神,贯穿在申典学派对以色列历史的编修过程中。为避免人们将圣殿直接视为耶和华的居所,申典历史(即广义的从《约书亚记》到《列王纪》的历史作品)也只将圣殿称为耶和华之名的居所。其经典文献如申典史家编修后的所罗门献殿祷词,为避免人们将锡安圣殿直接理解为上帝的居所,在用到"上帝的居所"一词时,特意要加上"在天上的"(王上 8:30,39,43,49)一词。也就是说,耶和华不是在圣殿中垂听了人们的祷告,而是在天上的居所听到了人们在圣殿中的祷告,这是所罗门祷文所一直强调的。

申典学派将上帝在"天上的居所"与圣殿区分开来,其意义在于强化上帝的超越性。耶和华不是局限在某一个特定的地上之物,而是充满在天地万物之中。所以,它借所罗门之口反问:

神果真住在地上吗？看哪，天和天上的天，尚且不足你居住的，何况我所建的这殿呢？（王上8:27）

这样的神学气概可以在晚期的第三以赛亚书中找到它的回响：

耶和华如此说："天是我的座位，地是我的脚凳。你们要为我造何等的殿宇？哪里是我安息的地方呢？"（赛66:1）

申典学派强调圣殿只是耶和华之名的居所，转变了将上帝理解为内在于世界之中的传统理解，强调上帝超越于世界之外，是宇宙万物的主宰。在圣经思想史上是转折性的关键环节，对严格意义上的独一神论的形成起到了重要的促进作用。

◎ 五 《申命记》的宗教史意义

除了上节所谓在神学上的突破性贡献之外，《申命记》在古代以色列宗教史上的重要意义，还表现在以下几个方面。首先，它可以说是希伯来宗教史上南北传统之间第一次深入的融合，或者说，北国的西奈传统第一次被深入地接引到南国的锡安传统之中。在其基本理念上，《申命记》来自于北国的先知传统，例如：它以摩西为先知原型、以出埃及与旷野经验作为神人关系的黄金时期、强调圣约的条件性、对以色列民与其他民族进行区分、对王权进行强烈的批判等。但它亦受南国传统的深刻影响,例如:以耶路撒冷作为以色列人崇拜和政治中心、以南国传统的上帝对大卫与耶路撒冷的拣选为原型,在希伯来宗教上第一次以拣选(בחר,choose)的观念来解释上帝与以色列民族的关系等。根据南北两传统共同对《申命记》深刻影响这一事实,人们推断,在《申命记》的后面隐含着一个漫长的南北传统融合的过程。也就是说,公元前 722 年北国陷落,那些承载着北国传统的人们,包括先知的弟子们、E 传统的保存者、遍于乡野的利未人等,逃到南国犹大,期盼着民族与宗教的复兴。他们与南国传统有着深入的接触,并部分地接纳了南国的传统,在希西家—约西亚改革之时,以南北传统交融的文献《申命记》作为宗教和政治复兴的纲领。因此,如果要对所谓的"申典学派"进行明确界定的话,他们就是一群在耶路撒冷的南国传承北国的神学传统,又通过约西亚改革,将北国传统引入南国神学主流的人。

其次,《申命记》在古代以色列宗教史上第一次以书的形式确定宗教的权威文本。它强调律法书是上帝给予以色列人的启示,并将其权威追溯到古老的摩西时代,使律法书与圣殿、祭祀一样,成为希伯来信仰的权威因素之一。不久之后,当耶路撒冷陷落、圣殿被毁、人们流放异乡之时,以圣殿为背景的祭祀不再可行,律法书就成为了信仰的核心。在此意义上,《申命记》的出现,使得古代犹太教第一次成为一个"圣经宗教"(Book Religion)。

最后,《申命记》的另一重意义在于:它将多样的传统接纳到律法书之中,使它成为一个多元传统融合的产物。后来人们在整理传统或编修五经时,也奉行这样的原则,将已有的多元传统同时接纳到正典之中。这样,我们今天才能拥有这样一部由丰富的、多元的传统融合而成的《希伯来圣经》。

　　总之,《申命记》在整部圣经中具有特殊的意义,是古代以色列信仰的基石和支柱之一。古代以色列宗教的任何重大发展,都与《申命记》紧密地联系在一起。

◇ 思考题

1. 与其他四经相比,《申命记》有何特点?

2. 《申命记》文体采用的是赫梯式的"宗主—属国"立约形式,这对我们理解希伯来宗教对神人关系的界定有何帮助?

3. 为什么说公元前 7 世纪约西亚进行宗教改革的宪章文本很可能是《申命记》呢?

4. 试列举《申命记》的主要神学思想。

5. 试说明《申命记》及其神学在古代以色列宗教史上的意义。

📖 进深阅读

1. Cross,F. M.,*Canaanite Myth and Hebrew Epic*:*Essays in the History of the Religion of Israel*(Cambridge,Mass.:Harvard University Press,1973)

2. Friedman,R. E.,*Who Wrote the Bible*(New York:Harper Collins,1989)

3. Kenik,Hellen A.,*Design for Kingship*:*The Deuteronomistic Narrative Technique in I Kings 3*:*4 - 15*(Chico,CA.:Scholars Press,1983)

4. Knoppers,Gary N.,*Two Nations Under God*:*The Deuteronomistic History of Solomon and The Dual Monarchies*(Atlanta,Scholars Press,1993)

5. Nicholson,E. W.,*Deuteronomy and Tradition*(Philadelphia:Fortress,1967)

6. Noth,Martin,*The Deuteronomistic History*(Sheffield:JSOT,1981)

7. von Rad,G.,*Studies in Deuteronomy*,trans. by David Stalker(London:SCM,1961)

8. Richter, Sandra, *The Deuteronomistic History and the Name Theology* (Berlin: Walter de Gruyter, 2002)

9. Schearing, L. & S. McKenzie eds., *Those Elusive Deuteronomists: The Phenomenon of Pan-Deuteronomism* (Sheffield: JSOT, 1999)

10. Weinfeld, Mosche, *Deuteronomy and the Deuteronomic School* (Oxford: Clarendon, 1972)

第七章
《约书亚记》与《士师记》：
以色列人在迦南的起源

迦南被称为以色列人的应许之地，但在五经之中，这还只是一种"应然"，只有到了《约书亚记》及此后所谓的"历史书"中，以色列人在迦南的生活才成为一种"实然"。以下两章将对历史书进行分析。在进入具体书卷之前，有必要先对"申典历史"做一总体介绍。

一 申典历史的概念

如上章所述，申典运动不只是局限于将《申命记》编修成册，而且是以《申命记》神学作为纲领，对以色列人在迦南应许之地整个历史的解释性回溯，即将《约书亚记》、《士师记》、《撒母耳记》和

《列王纪》进行总体编修。所以，人们将从《约书亚记》到《列王纪》书卷统称为"申命记历史"或"申典历史"（Deuteronomic History，常简写为 DH），它大致对应于犹太教所称之"前先知书"、基督教所称之"历史书"的文本，其覆盖的历史时期分成四段：摩西时代、约书亚征服迦南时期、士师时期、王朝时期。它们的编修者被称为"申命记史家"或"申典史家"（Deuteronomist，简称为 Dtr）。它是以色列人第一部系统的、整体性的历史书，编写者前后一贯地以《申命记》的神学观点来记载、解释以色列人从摩西到列王的历史，与《申命记》构成一个有机的整体，是古代以色列人神学历史记忆的主体。

申典历史的概念最早由诺马丁（Martin Noth）在 20 世纪 40 年代提出。它在文本上的基本证据是：在这些历史作品中，当以色列人处在历史的重要转折点时，申典史家都会用演讲或提要的方式对某一段历史做出申典神学的总结。其中的演讲包括：《约书亚记》1 章的演讲是征服迦南的开始，而 23 章的演讲则是结尾；《撒母耳记上》12 章的撒母耳讲演是进入王朝时期的开始；《撒母耳记下》7 章的拿单之谕是在神学上赋予大卫王朝以合法性；《列王纪上》8 章的所罗门献殿演讲开启了希伯来宗教的圣殿崇拜。提要包括：《士师记》2 章 11 至 22 节对士师时期的以色列人历史命运的概述；《列王纪下》17 章 7 至 18 节，20 至 23 节对北国首都撒玛利亚沦陷的神学解释。进而言之，整篇《申命记》，也可说是以摩西在以色列人进入迦南之前用演讲的形式，对以色列历史进行总结。

申典历史这一概念的提出，提醒我们在分析历史书时应注意的几个方面：一、与五经相似，《希伯来圣经》历史书之编修，不是为了一个纯粹客观的历史写作，而是为了向它的当代听众回忆历史事件，以阐明某些神学原则，因此它是历史叙述、神学想像与道德判断的综合体。二、申典历史的编修应当不早于公元前7世纪，而它最后成型的时间不会早于流放时期，因此，在研究这些历史书时，一方面要将其理解为多个编修传统的层叠，另一方面又要从流放社群的处境来理解它的总体神学框架。三、申典历史的编修不是一次就完成的，而是经历了较长的历史过程。但对于申典历史具体经历了几重编修，学者们意见不一。四、申典历史的总体编修，并未消弥多元传统的共存。不管是它所借用的历史基本材料，还是后来人们编修时的层叠的神学传统，都是非常多元化的，有时它们甚至处于强烈的紧张之中，甚至在申典历史的神学框架与它所采用的来源文献之间就存在着相当大的差异。

对申典历史的编修原则进行分析，可以发现两条：一、以圣约为中心的报应论神学。即如果以色列人遵守与耶和华所立之约，则可以在应许之地居住；如果悖逆圣约，则被流放出应许之地。二、强调以色列人与迦南人之间存在着清晰的族群边界，认为迦南宗教与文化将玷污以色列人的信仰等。

本章将对《约书亚记》和《士师记》进行分析。从其内容来看，这两部书可称为关于以色列人如何出现在迦南的推元故事。但它们对于以色列人在迦南的起源几乎有着相反的解释，即《约书亚记》明确地表达出以色列人是外生于迦南，通过自外而内的方式征服迦南；而《士师记》则隐晦地叙述了以色列人乃土生土长地内生于迦南。在分析了它们各自的文学结构之后，本章将综合考古学与文本分析，对以色列人内生论和外生论进行述评。

⚑二《约书亚记》的文学结构

《约书亚记》主要叙述了在摩西之死与约书亚之死之间发生的事件。可将它分成三个主要部分，即 1 至 12 章占领约旦河西岸，13 至 21 章支派分地，23 至 24 章约书亚临终遗言等。

约书亚当然是全书的中心人物。圣经作者在叙述约书亚之形象时，一方面有意识地按照讲述摩西的方式来刻画约书亚。按 3 章 5 节、7 章 13 节，他要求人们在重大事件面前要"自洁"，就是仿照《出埃及记》19 章 10 节；按 4 章 14 节，以色列人敬畏约书亚就像敬畏摩西一样；按 7 章 6 节，约书亚像摩西一样可以在耶和华面前为以色列人代求；按 23 章，在将离世之前，约书亚像摩西一样宣告遗言。但另一方面，又有意识地要读者注意他们之间的本质区别。这突出地表现在约书亚强调他一直是遵守摩西所吩咐的律法。这是一部已经封闭的律法，而且已经成"书"，它是约书亚的指导。

构成《约书亚记》的原材料有些较为古老，有些则较为晚近。例如，2 至 9 章的叙事似乎主要是一些推元故事，讲述的是那些与吉甲较为接近的地名的来历，它们可能是早在以色列人的吉甲联盟时代的传说。在分地叙事中，一部分是关于各支派的疆界，它可能来自于士师时代；另一部分则是 12 个行政区划中的地名，它可能来自于晚近约西亚时代的王朝编制,尤其是 15 章关于犹大的历史地理描述,只能来自南国的晚期。

申典史家对《约书亚记》也做了较系统的框架性编修,主要体现在《约书亚记》1 章与 23 章,及 8 章 30 至 35 节,11 章 15 至 23 节,13 章 1 至 7 节,21 章 43 节至 22 章 6 节等解释性经文。

经　文	文　体	主要思想
1：1 - 9	耶和华对约书亚之讲演	约书亚是所有以色列人的首领;遵守耶和华的律法,则顺利亨通。
1：10 - 18	约书亚之吩咐引出整个征服故事	全体以色列人听从约书亚的命令;耶和华与约书亚同在;承受耶和华向先祖应许之地为业。
8：30 - 35	解释性叙事	约书亚在示剑筑坛,并宣示耶和华的律法。
11：15 - 23	解释性叙事	以色列得到直达"黑门山"的全地(远非如 1 章 7 节所言"又达幼发拉底河");以色列人通过争战得来;杀尽"迦南人"。
13：1 - 7	耶和华对约书亚之讲演	耶和华将约书亚所未攻取之地应许给以色列人。
21：43 - 22：6	解释性叙事	耶和华的应许实现,以色列人征服了所有的迦南敌人。
23 章	约书亚总结陈词	耶和华为以色列人争战;耶和华应许将遗留下来的迦南人赶走,条件是以色列人必须顺服耶和华的律法,不要与迦南人掺杂;如果他们与迦南人掺杂,他们也必被赶出应许之地。

总体来说，这些框架性提要所围绕的基本思想包括：一、以色列人能否征服迦南，并在此长久居住，取决于他们是否忠实于耶和华的律法；二、全体以色列人在约书亚的领导下一同作战；三、以色列人在迦南地取得了迅捷的胜利，并常常将周围的迦南人灭绝杀尽。

　　然而，在《约书亚记》的申典框架与原始材料之间存在着相当的矛盾。例如，与申典史家们所声称的以色列人在迦南地的"席卷性"胜利相反，一些古老材料却告诉人们，以色列人在迦南的胜利是零碎的、有限的。例如，《约书亚记》13 章 1 至 6 节特别指出在约书亚老迈之时，仍然有许多"未得之地"。再如，与所号称的以色列人"席卷"式征服迦南不同，实际上，迦南的许多地方仍然由本地人控制。例如《约书亚记》15 章 63 节谈到耶布斯人在耶路撒冷与犹大人同住；16 章 10 节谈到基色的迦南人与以法莲人同住；17 章 11 至 18 节谈到北部的玛拿西不能赶出几个重要城市的迦南人等。对于以色列人与迦南人共居于应许之地的谨慎记忆，在接下来的《士师记》中表现尤为突出。

三 《士师记》的文学结构

　　与《约书亚记》一样，《士师记》也经历了一个复杂的整理、编写和编修的过程。其中有一个较清晰的申典神学的编修框架，当然也包含了丰富的原始材料。与《约书亚记》所叙述的以色列人在迦南大获全胜的叙述相比，《士师记》1 章所讲述的以色列人未能将迦南人驱逐出去,只能与他们一起共居的叙事,如 19、21、27 至 33 节等,很可能更为真实、古老。再如 5 章的"底波拉之歌",常被认为是圣经中最古老文献之一;而 17 至 21 章中的支派故事也带有古老传统的因素。

同时,《士师记》的编辑痕迹也十分显著。首先,士师恰好就是 12 个,里面的一些小士师并没有明确的事迹,将他们列为士师,似乎更多是为了凑足 12 个这个支派数字。其次,它有明显的"扬大卫抑扫罗"的意识形态色彩。扫罗出现在《士师记》的前后两大部分,即 1 章 1 节至 2 章 5 节与 19 至 21 章,前者着力突出犹大(大卫王的支派)的地位,而后者则着力对便雅悯(扫罗王的支派)和基比亚进行诋毁,与大卫王朝的意识形态有密切关联。最后,它具有为王权辩护的色彩。在后面五章(17 至 21 章)的叙事中,多次出现"那时,以色列中没有王,各人任意行事",说这样的话时显然以色列人已经处于王朝的管理之下了,其叙述意图是在王朝时期对士师时代进行反思,反思因为没有王而给社会带来的动乱。它对士师时代做出了整体的价值判断,即士师时代是一个在道德上、神学上不断螺旋堕落的时代,为王权的正当性做出了辩护。

《士师记》将古史材料纳入申典神学的框架之中,士师们的故事被用来说明申典学派的神学观,即神人之间充满张力的关系。在进行具体叙事时,神人之间的张力又转化为一种循环的历史观。《士师记》2 章 6 节至 3 章 6 节是这一神学观点的集中体现。

	循环论的神学观点	在士师叙事中的框架性经文
A	以色列人行恶,离弃耶和华,侍奉巴力,叩拜别神。	3:7,12;4:1;6:1;10:6;13:1
B	耶和华发怒,把他们交给四周仇敌的手中。	3:8,12-14;4:2;6:1-5;10:7-10;13:1
C	以色列人向耶和华呼求,表白他们的罪,耶和华为他们兴起士师;士师为他们带来平安。	3:9,15;4:3-10;6:6-18;10:10-16
D	士师死后,以色列人又转去行恶;耶和华的怒气再次发作。	同A,即3:7,12;4:1;6:1;10:6;13:1

用图可以更直观地表达这一循环史观:

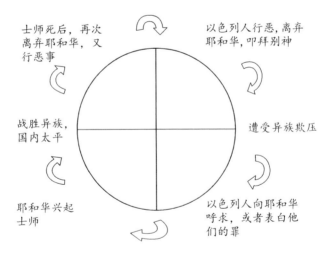

士师死后,再次离弃耶和华,又行恶事

以色列人行恶,离弃耶和华,叩拜别神

战胜异族,国内太平

遭受异族欺压

耶和华兴起士师

以色列人向耶和华呼求,或者表白他们的罪

四 对征服迦南的疑古论证

从整体而言,《约书亚记》告诉人们一个以色列人迅捷、全面地占领迦南的故事。但直观而言,人们很难相信,一支在旷野流浪几十年、拖家带口的疲惫流民,竟能发起一场如《约书亚记》所描述的闪电进攻。因此在对叙利亚—巴勒斯坦地区的考古学研究以及《约书亚记》和《士师记》中的原始材料进行综合研究的基础上,人们越来越对以色列人征服迦南表示怀疑,也对以色列人在迦南的起源提出另外的假说。

疑古派的证据首先是文本方面的。通过将《士师记》与《约书亚记》进行对比研究,人们发现:《约书亚记》讲述的是全体以色列人迅捷地占领了全部的迦南地,但《士师记》作为在《约书亚记》之后的历史,却讲述了一个散乱的以色列人联盟,散乱地居住在迦南各地。《约书亚记》讲述了部分的迦南族群被留存下来,生活在主流的以色列人中间;《士师记》则讲述以色列人被迦南族群所挤压,生活在迦南人中间。《约书亚记》讲述了 12 支派整齐地瓜分了被征服的"应许之地",而《士师记》则认为迦南的很多地方并没有被以色列人占领,而是在本土族群手中。

其次,疑古派引用历史地理的研究,认为《约书亚记》对历史疆域的描述,实际上来自于后来的王朝时期。如《约书亚记》13至 19 章的以色列 12 支派分地各得其所,反映的是《列王纪上》所述所罗门时期的 12 行政区划边界。再如,《约书亚记》21 章所划分的利未派城邑,反映的也是王朝时期的政治现实。这些城邑或者是为了对政治或生态边界的防卫,或者是为了在迦南土著居民聚居区域强化王朝的控制。再如,《约书亚记》15 章 21 至 62 节对犹大区的描述,反映的是王朝晚期的情形。所以,疑古派将《约书亚记》断代为王朝时期,甚至晚期王朝时期的作品。

最后,疑古派引用考古学对迦南地区的考察,揭示出与《约书亚记》很不一样的情形。按照《约书亚记》12 章 9 至 24 节总结的征服迦南战事,他们总共击杀了 31 位迦南王。然而,考古学对这些城市的研究却表明:对其中 20 个可以基本确定其遗址的考察表明,只有伯特利、夏琐、米吉多与但城可能是毁于外人(未必就是以色列人)之手。即使是这四个城市,其被毁的时间也相隔近百年,不大可能毁于如约书亚这样一个领袖率领之下的以色列人之手。

🔖小知识　迈尼普塔碑 ——————————————

19 世纪人们在底比斯发现了一块迈尼普塔碑(Merneptah Stele),歌颂的是埃及迈尼普塔法老在公元前 1207 年远征巴勒斯坦的战功。此碑又常被称为"以色列碑"(Israel Stele),因为它是在圣经之外最早明确谈到"以色列"的文献。

碑文内容如下:

众君王匍伏在地,呼喊"饶命"!

无人敢抬起头;

塔希奴(Tehenu)被毁灭;

赫梯被治服;

迦南也被掠夺一空;

亚实基伦被带走,基色被掳掠;

雅罗阿姆被掠,似乎从未存在。

以色列被夷为平地,后裔全无;

胡努成为寡妇,属于埃及!

全地都已顺服。

在亚实基伦、基色、雅罗阿姆等名词后面都有一个标志,表明是一个地方,而在"以色列"一词的后面却是另一个标志,表明是一个人群或种族。迈尼普塔碑说明,在公元前13世纪的巴勒斯坦地区存在一个这样的以色列:

1. 在公元前13世纪初期的迦南,存在一个文化、族群甚至政治联合体。以色列既是这个族群的自称,也是别人对它的他称。
2. 这个以色列已经初步成型,构成对埃及统治迦南的一个可能威胁。
3. 这个以色列还不是一个城邦政治实体,它主要是一个松散的族群。
4. 这个以色列生活在较为偏僻的中央山地。

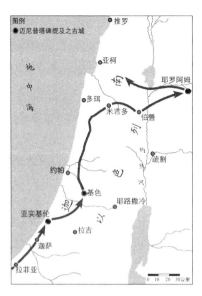

迈尼普塔碑　　　　　　迈尼普塔法老远征迦南路线图

🔘 五 以色列在迦南的考古学起源

  以色列人如何出现并兴起于迦南,成为当前圣经学术界的一个重要问题。它不仅涉及到对圣经叙事的所谓历史真实性问题,而且涉及到信仰群体如何结群的神学问题。人们开始不再局限于对圣经文本或有限的考古地点进行讨论,而是将以色列人的迦南起源放到"大历史"的视野之下,在地中海世界更为广泛的生态循环、文化变迁、阶级冲突、族群分合的图景中来考察以色列人的起源,形成了多种假说。

  先从晚期青铜时代的迦南世界开始,这是各种假说的一个基本起点。人们首先要问:巴勒斯坦考古学和古代近东文献揭示了怎样一幅青铜时代晚期迦南社会动荡的图景？迦南文明崩溃的原因何在？

出土的经外文献（包括上埃及的阿玛拿文书以及乌加列泥版等）揭示出巴勒斯坦在青铜时代晚期处于动荡和混乱之中。它既谈到迦南社会的下层流民对城邦社会的冲击，也谈到所谓"海民"（包括非利士人在内）的外来民族对迦南的毁灭性打击。公元前13世纪晚期，地中海东岸大多数的重要文明中心都遭遇了一次剧烈的危机。那些重要的迦南城市在公元前13世纪晚期至前12世纪中期几乎完全被毁。

迦南文明在青铜时代晚期的崩溃，其原因显然是多元的，包括：城邦之间的内战、城邦内部的贫富分化导致的流民动乱、游牧民或半游牧民的冲击、海民的外来侵略，甚至如生态历史学提出的全球干旱等。它对圣经历史具有重大影响：一、迦南崩溃使得一些新的族群出现在巴勒斯坦地区。这些新的族群，如以色列、非利士人等，出现在巴勒斯坦，他们与原有的迦南人一起，构成圣经历史叙事的主角。二、迦南崩溃使得迦南土著居民以一种新的方式存在于巴勒斯坦。一部分迦南人生活于非利士人的管治之下；一部分迦南人被驱前往中央山地，成为后来以色列人的前身；一些迦南人则与以色列人共生或结盟。简言之，不是以色列人造成迦南崩溃，而是迦南崩溃造成了以色列人。三、迦南崩溃在巴勒斯坦造成多族鼎立的族群格局，它们之间（尤其是非利士人与以色列人）的互动关系对于以色列族群的边界形成与变迁影响巨大。

在表明迦南崩溃的同时，考古学在中央山地进行大面积的"地区普查"，这为以色列文明的早期形态提供了新的材料。人们发现:中央山地即后来以色列人居住、存在并发展成为一个国族的地区,在公元前 12 世纪前后,无论在人口还是聚落数量上,都经历了一个爆炸性的增长。这些新增人口主要以小村落的形式分布,规模从 1 英亩(约 4000 平米)到 4、5 英亩不等。它们都是典型的农业村庄,不具有城市文明的特征。这些人口增长的主要聚落并非在迦南的传统聚居区域,如沙仑和犹大的海岸平原、西部高原中的低地、主要的河流谷地,而是在那些青铜时代迦南人不居住的区域,如上下加利利地区、撒玛利亚和犹大的山区,甚至内格夫的北部地区,即传统迦南的"边疆或边缘地区"。在古代世界,不可能用自然繁衍来解释这样的人口增长。它反映了这样一个基本的情形,即在公元前 12 至 11 世纪,中央山地(即古代以色列的核心地区)经历了一次强劲的人口流入,出现了显著的一群山地居民。

这些早期的山地居民很可能就是古代以色列的考古学起源。在此意义上,可以把他们称为"早期以色列人"(Early Israelites),或"雏形以色列人"(proto-Israelites)。这些早期以色列聚落具有以下文化特征:一、在聚落模式与房屋形制上,这些山地村庄大多是将房屋修建成一圈,在里面形成一个较空旷的空间。它们一般都没有围墙,对外界不加防范。它们最典型、最普遍的民居采用一种称为"柱式房屋"(pillared house)或"四屋民居"(four-room house)的形制。二、在经济体系上,以农业、牧业作为其经济基础。三、在技术工艺上,已经较普遍地使用贮水窖、梯田、贮物窖技术等,在制陶工艺方面,种类单调、缺乏彩釉、实用性明显且做工朴素,最有代表性的是一种"领状轮缘罐"(collared-rim jar)。

四、在社会与政治结构上,是一种以血缘为基础的部族社会体制。社会分层迹象不明显,总体较为均平。五、在外部关系上,它们与外部并非处于对抗关系,而是较为和平。六、在艺术、文字与宗教上较为原始,精神生活留下的痕迹较为薄弱。

这些早期的以色列村庄与迦南文化之间存在一定的联系,吸收了部分迦南文化传统,在某些器物和精神文化层面,如陶器、文字、宗教等,似乎就是迦南文化较低级、幼稚的一个旁支。但由于它自身独特的生态环境及生产方式,中央山地的村庄在聚落模式、经济生活、政治结构等方面又与迦南文化有较大差异。

六 关于早期以色列起源的假说

对于如何解释以色列人出现在迦南,学者们提出了几种取代圣经"征服迦南"的假说。20 世纪 20、30 年代,德国学者奥特(Albrecht Alt)提出"和平渗透说"。这一模式认为,出现在中央山地的以色列群体,乃来自于约旦河东岸的游牧民。他们被中央山地较好的自然条件所吸引,逐渐在此定居。他们的进入不是通过战争,而是逐渐渗透到中央山地。在这一模式看来,以色列人在进入国家状态时,强烈反对导致不平等的王权制度,就是因为游牧部落的平等理念仍然根深蒂固地存在于以色列人当中。

20 世纪 70、80 年代,孟德海(G. E. Mendenhall)与哥特瓦德(N. Gottwald)提出"农民起义说"。他们反对以色列人外来论,认为以色列人不过是针对迦南城邦主而爆发革命运动的迦南农民。

他们受到迦南地主们的残酷压迫，于是发动起义，前往中央山地。他们既是陷于崩溃的迦南社会的结果，又是推动迦南崩溃的原因。

随着人们在考古学上对巴勒斯坦地区的进一步了解，身兼考古学家与圣经学者的芬克斯坦（I. Finkelstein）与迪沃尔（W. Dever）分别对上述两种模式做出发展，并且提出两种新假说，即"重新定居说"（resedentarization）与"边疆土地改革运动说"（Frontier Agrarian Reform Movement）。

按芬克斯坦的"重新定居说"，在中央山地，游牧生活与定居生活一直处于变换之中。定居生活发生危机之后，人们回复到一种分散的、游牧的生活状态，而在恰当的时机，又会迎来新一波的定居浪潮。在他看来，铁器时代 I 期的中央山地大规模出现定居村落的秘密，乃在晚期青铜时代的迦南城邦社会里。中期青铜时代即第二波的中央山地定居聚落在公元前 16 世纪遭遇危机之后，转变成为分散的游牧部族。由于埃及在晚期青铜时代的前三个世纪（公元前 16 至 14 世纪）对迦南低地城邦进行较有效的管治，迦南社会总体处于平稳运作之中，低地平原的农民能够为中央山地的游牧民提供谷物，所以，在晚期青铜时代的前期，迦南平原的农业社会、中央山地和东部旷野的游牧生活能够互动互补，得以维持下去。但到晚期青铜时代的末期（公元前 14 至 12 世纪），由于自然干旱、海民入侵、城邦内乱等一系列原因，迦南城邦的政治体系崩溃，农业生产停顿，"农民—牧民"之间的互补关系破裂。谷物不能供应给中央山地的牧民，所以牧民们必须种植谷物，从而在中央山地开始了缓慢的重新定居过程。到铁器时代 I 期，这一重新定居过程使得中央山地产生了一定规模的中央山地聚落,也就是前述的"早期以色列人"。

按迪沃尔的"边疆土地改革运动说",他认为中央山地居民是迦南低地平原的城邦居民为了逃避城邦生活,重新部族化(retribalization)而为山地居民。迪沃尔认为,这些中央山地居民就是来自迦南城邦的农民。阿玛拿文书和巴勒斯坦考古分别从可能性与必要性两方面证明了这一点。从可能性上来说,在青铜时代晚期和铁器时代Ⅰ期,只有迦南低地的农民才能在中央山地活下去。来到中央山地定居的人不可能是单纯的游牧民,因为他们无法在短时间内就建立起如考古学所发现的那样一个广泛、全面、有效运作的农业社会。从必要性来说,对阿玛拿文书和青铜时代晚期迦南城邦的考古学研究发现,青铜时代晚期的迦南生活处境艰难,濒于崩溃。贫富两极分化,众多的农民、村民、流民都处于社会的底层或边缘。他们一无所有,也就没有什么可以失去的。这样的人有必要冒险前往边疆(即中央山地)寻求新的生活机会,也就是考古学发现的那些"早期以色列人"。

虽然上述假说在诸多方面针锋相对,但在以下方面却共同认可:一、这些中央山地居民可以被认为是圣经以色列人的祖先,可称为"早期以色列人"或"雏形以色列人";二、这些早期以色列人不是迦南崩溃的原因,而是迦南崩溃的结果;三、虽然这些早期以色列人可能有一个主要来源,但它一定是多个源头混合而成的人群;四、早期以色列人不是从外面迅速地入侵迦南,而很可能来自于迦南内部;五、早期以色列人不是与迦南人截然相异的族群,他们就是本地迦南人。因此,对以色列人在迦南起源的最恰当解释可能是"迦南内生多源说"。

◇ 思考题

1. 试析在叙述以色列人如何出现在迦南的问题上,《约书亚记》与《士师记》有何显著差异?

2. 《士师记》的编修体现了怎样的循环史观?

3. 疑古派反对《约书亚记》中以色列人征服迦南论的证据有哪些? 你认为它们构成充分的证据吗?

4. 考古学对中央山地的地区普查,为人们了解以色列人的迦南起源提供了哪些方面的证据?

5. 试述学术界解释以色列人在青铜时代晚期出现在中央山地现象的几种主要假说,并指出哪种假说更令人信服。

📖 进深阅读

1. Alt,Albrecht,*Essays on Old Testament history and religion*,R. A. Wilson(trl.)(Oxford:Blackwell,1966)

2. Coogan,Michael ed.,*The Oxford History of the Biblical World*(New York:Oxford University Press,1998)

3. Dever,William G.,*What Did the Biblical Writers Know & When Did They Know It?*:*What Archaeology Can Tell Us about the Reality of Ancient Israel?*(Grand Rapids:Eerdmas,2001)

4. Dever,William G.,*Who Were the Early Israelites and Where Did They Come From?*(Grand Rapids:Eerdmas,2003)

5. Finkelstein,Israel,*The Archaeology of the Israelite Settlement*,trans. by D. Saltz(Jerusalem:Israel Exploration Society,1988)

6. Finkelstein,Israel,*The Bible Unearthed*:*Archaeology's New Vision of Ancient Israel and the Origin of Its Sacred Texts*(New York:Free Press,2001)

7. Gottwald, N., *The Tribes of Yahweh: A Sociology of the Religion of Liberated Israel, 1250 – 1050 BCE* (Maryknoll, N.Y.: Orbis, 1979)

8. Gottwald, N., *The Hebrew Bible: A Socio-literary Introduction* (Philadelphia: Fortress, 1985, 2003)

9. Kroeger, Catherine & Mary Evans, *The IVP Woman's Bible Commentary* (Downers Grove, Ill, InterVasity, 2002)

10. Mendenhall, George E., *The Tenth Generation: The Origins of the Biblical Tradition* (Baltimore: John Hopkins University Press, 1973)

11. Provan, Iain, V. Long, T. Longman III, *A Biblical History of Israel* (Louisville: WJK, 2003)

第八章
《撒母耳记》与《列王纪》：
古代以色列的王朝经验

　　申典历史的主体部分是讲述以色列人的王朝经验，即从第一个王朝——扫罗王朝至大卫王朝，再到王室的南北分裂，直至北国于公元前 722 年亡于亚述，南国于公元前 586 年亡于巴比伦。《撒母耳记》与《列王纪》是它的主体部分。在一定意义上说，它构成与五经相对应的篇章，因为五经围绕着出埃及事件，讲述以色列人无国无君时的理想状态，而这两部书则围绕着大卫王室，讲述以色列人占有应许之地、在君王治理下的失败状态。这两部书同样经历了多重编修，反映了申典学派的神学立场。本章将对它们所反映的以色列王朝历史、编修结构和神学传统进行分析。

❤ 一 从扫罗到大卫王朝

按《士师记》和《撒母耳记》所述，以色列国家是在内外部因素共同推动下产生的。在外部，非利士人对以色列人的威胁越来越大。非利士人在地中海东岸立足后，因其严密的寡头统治、铁制兵器以及灵活突击方式，使得生活在中央山地的以色列人遭受着比原先更为严峻的冲击。从内部来看，以色列族群内部分裂、互相攻击，那些势力较大的支派，如玛拿西、以玛莲、便雅悯和犹大之间争执加剧，整个社会财富也可能出现不平衡。例如，大卫在与扫罗斗争时，组织起几百个"受窘迫的、欠债的、心里苦恼的"（撒上 22：1-2），这些流民的存在表明当时部落社会的秩序已几近危殆。

面对上述内忧外患，作为魅力型个人领袖的士师已无力治理，于是以色列人乃呼唤王权，以应对危机。早在撒母耳之前，以色列人就有建立王朝的企图。按《士师记》9 章，亚比米勒士师统治时期，他们就有一次流产的建立国家的实验。但在严峻形势面前，撒母耳以及支派联盟终于接受了新型的社会制度——国家，扫罗成为第一个君王。

扫罗并不是严格意义上的君王。在《撒母耳记》中，他被称为"领袖"（נגיד，leader），而不是用正式的君王称号（מלך，king）。他没有常备军，他的王朝没有明确的疆域，没有正式的首都，没有正式的国家赋税制度，他甚至不是制度化的军事领袖，只是由于非利士人的不断侵扰，才迫使他长期担任这一角色；他最初似乎并没有要立儿子接替王位的打算，只是到了王朝晚期才安排儿子来继承王位。这说明扫罗作为以色列历史上的第一个君王，更像是酋邦的酋长，而不像是王朝的君王。

然而，无论扫罗与旧时代的士师多么相似，他带来的王朝却是一个全新的社会制度。君王是为人民争战的领袖，也是人民的"治理者、统领者"，王朝制度彻底改变了旧的平等的组织方式，而代之以一种统治与被统治的金字塔式的社会结构。从扫罗开始，以色列历史进入到王朝时代。但扫罗王朝并未持续多长时期。扫罗死后，王位就由大卫继承，开创了大卫王朝。大卫有着杰出的政治和军事经验，登上王位后，他在国内外采取了一系列的行动，使得以色列王国初步具备一个区域性小帝国的形态，并在其后的所罗门治下达到以色列历史的鼎盛时期。

大卫巩固王权的第一步是将南部的犹大国与北部的以色列国统一起来。扫罗并未建立起一个对诸支派行之有效的系统管理体制。大卫先是在南部犹大支派的重镇希伯仑受膏成为犹大的君王，形成与扫罗之子伊施波设对峙的局面。伊施波设被杀后，"以色列众支派"来到希伯仑与大卫王立约，承认他是北部以色列众支派的君王。大卫被称为"以色列和犹大王"，成为统治南北支派的统一君王。同时，为表明大卫王朝不属于某个支派，大卫废弃北部的玛哈念都城和南部的希伯仑，夺取耶布斯人的城市耶路撒冷，设为新都。耶路撒冷正好处于北部支派与南部支派之间，大卫将之变为一个独立之城，即"大卫之城"，既不属于北部支派，也不受南部支派挟制。他还发动与此举相配合的宗教改革，将约柜搬到耶路撒冷，使之亦成为整个国家的宗教中心。他对相关的祭司制度进行了改革。他还改革了与祭祀相关的礼乐,《诗篇》可能就是在这时开始编纂。在行政制度上,大卫效法埃及王朝,以功能或事务来设立官职,分定他们之间的权力与功能。这与原先建立在地域或血缘基础之上,以支派或宗族长老为领袖的社会体系有着本质区别。

大卫建立了成型的国家制度后,在与异族他国的战争中相继取得了胜利,例如:他战胜非利士人,使摩押、亚扪和亚兰人归服,成为附庸国。大卫王朝覆盖了"从幼发拉底河到埃及"的广大区域,被认为实现了《创世记》15 章耶和华对亚伯拉罕的应许。

大卫死后,其幼子所罗门继承王位。圣经将所罗门描述为一个和平、富足、智慧的君王。他与别国没什么战争,而是进行了大量的贸易活动。他强化并扩充了自己的王朝行政体制,将国家分成 12 个行政区划,按月份轮流供养王室。这个行政系统与 12 支派的范围有所区别,表明王朝时代的社会组织结构已经与早期以色列有着本质差异。

所罗门时代以色列国力达到顶峰。圣经特别叙述了他的豪华与富足,尤其是他大兴土木,在全国各地兴修城市,在耶路撒冷兴修王宫。其中最重要的是他在耶路撒冷为耶和华兴建圣殿,深刻而永远地改变了以色列的政治和宗教历史。耶路撒冷作为圣城的地位由此确立。但他的大兴土木,征民服役,其要旨是用北部的资源来护卫和发展南部,使原来本不牢固的南部与北部支派的关系也出现紧张,最终造成北国的分裂。以色列历史进入南北两国分立时期。

圣经对于所罗门的宗教政策做了特别的关注,对所罗门的宗教调和主义做出了强烈的批判。从现实政治的角度来说,所罗门为了在外部与别国保持和睦,在内部协和迦南族群,将异族神祇与耶和华一起供奉敬拜。按《列王纪上》11 章所述,他被外邦女子引诱,事奉别神,包括:事奉西顿人的女神亚斯他录和亚扪人可憎的神米勒公、摩押可憎的神基抹和亚扪人可憎的神摩洛,在耶路撒冷对面的山上建筑邱坛等等。但在申典史家看来,这却是为什么所罗门死后,他的王国随即分裂的根本原因所在。

二 《撒母耳记》的文本结构

当圣经叙事主体进入一个历史新阶段(即王朝时期)后,圣经文体随之发生较大的变化。首先,原来那些用来记录部落的名单体,被用来记录王朝官员的名称、跟随国王的勇士或者不同的行政区划。这表明以支派为单位的部落联盟社会已经被一种以君王为核心的行政体制所取代。以支派或宗族为基本单位的以色列人,被整合到由家族王朝及从属于它的官员组成的官僚体系之中。其次,出现一种新的文体——史录(Annals)。一些被认为对整个王朝有重大意义的事件,主要是君王的事迹,被有意识地记录下来。最后,总体而言,《撒母耳记》和《列王纪》不再采用讲述个人经历的传奇(saga)文体,而是采用以跨越个人与单个事件的历史发展为中心的叙事(narrative)文体。例如,关于大卫的叙事,与其说是作为个人英雄的大卫,勿宁说是以大卫王朝(בית דוד,即大卫家)为叙事中心。

传　奇	叙　事
对枯燥的名单没兴趣,传奇中很少见到名单。	名单是叙事的主要形式和基本材料。
一般来说,传奇文体早于历史叙述。即使成为文字,它也带有口头传播的特点。	它不是一种大众作品,只属于那些受过教育的人,它要求读和写的基本能力。
不是个人创作的产品,那些群体的吟唱者才是它的作者。	一个人或少数几个人的作品。
重复与矛盾是它的显著特点。因为它主要在口头传播,即使形成文字,也是一个漫长反复的过程,多种传统对它改编,并跻身于其中。	重复与矛盾并不显著。即使有重复或矛盾,多是它主动设计的一个文学技巧。
它的主人公多是那些遥远过去的先祖、先母或英雄人物。多讲述发生在小圈子的故事,政治场景只是陪衬。	以刚刚过去或仍在位的君王或王子为主人公,主要讲述政治的、公共的事件,私人故事是在与政治事件相连时才被记录。
讲述的多是一些信念或类似于信念的东西,常包括一些神迹。	记录的是那些发生过的历史事件,即与特定时空相关的,不会重复发生的事件。
在讲到上帝的参与时,上帝会打破自然法则,干预历史。	上帝的意义就在历史之中,历史按自身逻辑发展,历史自身就是上帝的作为。带有相当程度的理性和冷静的历史主义。

《撒母耳记》的基本内容如下：

A. 一些与撒母耳先知相关的零散单元包括：
1. 关于撒母耳之出生与听到耶和华的话的叙事（撒上 1－3）
2. 约柜被掳的叙事，与撒下 6 章大卫将约柜运回耶路撒冷，以及撒下 7 章拿单的永约之谕结合起来，以说明在耶路撒冷进行耶和华崇拜的正当性
3. 撒母耳作为最后一个士师，拯救并审判以色列人的叙事（撒上 7:3－17）
B. 扫罗如何被拣选为王，又如何被废弃的叙事（撒上 8－15）。其中，两个相反的传统交织在一起：支持王权的传统（撒上 9:1－10:16,11:1－11,13:1－14:46）；反王权的传统（撒上 8,10:17－27,12,15）
C. 大卫与扫罗相争，并最终为王的叙事（撒上 16－撒下 5）
D. 关于所罗门如何继位为王的"继位叙事"（撒下 9－20；王上 1－2）
E. 一些零散的传统，如插入"继位叙事"之间的大卫传统（撒下 21－24），以及其他一些小单元

它使用的基本材料可能包括：一、关于撒母耳、扫罗、大卫和所罗门的一些独立传统；二、关于王朝行政体制的档案；三、一些先知文献以及从耶路撒冷的圣殿传统中节选的资料。

作为申典历史的基本材料之一，《撒母耳记》内部同样有一个大的叙事框架，即回旋出现的那些解释性"历史概述"。与《约书

亚记》与《士师记》不同的是:由于前两部书的原始材料多以传奇为主,其连贯性并不强,因此申典编修与原始材料之间的差异十分显著。但王朝出现后,历史叙事成为新的文体,它自身已较为连贯并畅达,因此,申典史家的编修痕迹在《撒母耳记》中并不突出,它较为平滑地融入到整体叙事之中。

《撒母耳记》的申典编修框架文本主要有两个,即撒上 12 与撒下 7 章。撒上 12 章,其文学形式是"撒母耳的讲演",内容包括:重述士师时代"受压迫、呼求耶和华、得解救"的循环模式;以色列人求王是大罪;如果以色列人和君王听从"耶和华的话"(קוֹל יהוה 或 פי יהוה, the voice of YHWH),则仍旧为耶和华的子民;如果"仍然作恶",则一同灭亡。撒下 7 章,其文学形式是"先知拿单所传的神谕",内容包括:以色列人在大卫的治理之下得到和平安宁;耶和华为大卫家永立国位;耶和华为君王之父,君王为耶和华之子;大卫王朝将永远坚立。

这两个文本对王朝的态度恰恰相反,前者是"反王权的",后者则是"支持王权的",这表明申典历史经历了双重编修。一次是在约西亚王朝的晚期,在宗教改革之时,约西亚为了加强王权而对大卫王室的正当性进行神学论证,这就是《撒母耳记下》7 章"大卫永约"的支持王权。另一次则是在流放时期,人们为寻求国家灭亡的神学解释,乃将建立王朝化约为人性背离耶和华之罪的重要表现,以色列王朝之灭亡是耶和华对于罪的惩罚,即《撒母耳记上》12 章对王朝的警示性反对。

◎三 《列王纪》的文学结构

经历所罗门王朝的短暂繁荣之后,以色列人的王朝经验进入一个新的阶段,圣经的叙事方式也发生了一个显著的改变。从《列王纪上》12 章到《列王纪下》25 章,乃按着历史年代,记载所罗门死后分裂的南北两国诸王将近 400 年的历史。其中,《列王纪上》12 章 1 节至《列王纪下》17 章 41 节,讲述公元前 722 年北国灭亡之前的两国历史,而《列王纪下》18 至 25 章则是公元前 586 年南国灭亡,随后流放到巴比伦的历史。这段叙事以年代为主轴,但在文学整体上被编修为一个交叉对称的结构。

A. 所罗门治下的统一王朝(王上 1:1 - 11:25)
  B. 耶罗波安将北国从罗波安手中分裂出去
    (王上 11:26 - 14:31)
    C. 北国和南国的诸王(王上 15:1 - 16:22)
      D. 暗利王朝,在以色列与犹大的巴力崇拜的浮沉
        (王上 16:23 - 王下 12)
    C′. 北国和南国的诸王(王下 13 - 16)
  B′. 北国灭亡(王下 17)
A′. 南国犹大的历史,直至灭亡(王下 18 - 25)

其中,A 对比的是所罗门时的鼎盛与约雅斤时的衰败,所罗门在

耶路撒冷修建圣殿与圣殿被巴比伦王所毁构成在宗教上的对比；B 对比的是北国的出现与北国的灭亡；C 对比地讲述了南北两国的敌对状态；而 D 则是一个中枢点，其所占篇幅达到《列王纪》的三分之一，它主要讲述南北两国那些忠于耶和华崇拜的人——北国是以利亚和以利沙为代表的先知，而南国则是圣殿祭司——如何坚持耶和华信仰，并击败异邦巴力崇拜的故事。

在这样的总体结构之下，圣经也有对单个的以色列王或犹大王的格式化记述和评价，它们有着共同的模式：

	以色列诸王	犹大诸王
1	犹大王某某的某某年，某某登基做以色列王。	在以色列王某某的某某年，某某登基做犹大人的王。
2	某某在某地在位多少年。	他登基的时候多大，做王多少年，他的母亲是谁。
3	评价模式："某某行耶和华眼中看为恶的事，行耶罗波安所行的道，使以色列民陷在罪里。"	与"他祖大卫所行的"相比，评价他做得怎么样。
4	某某其余的事，凡他所行的，都写在以色列诸王纪上。	某某其余的事，凡他所行的，都写在犹大诸王纪上。
5	某某与他列祖同睡，另一人接续他作王。	某某与他列祖同睡，另一人接续他作王。

这样的叙事模式说明：一、《列王纪》的本意并不是要为诸王写历史，而是要讲述人们在一个新的阶段对过去历史的理解，所以它不断地说：如果要了解更多关于诸王的事情，请去看"犹大（或以

色列)诸王纪";二、所罗门死后,以色列与犹大分裂为两国,但《列王纪》仍然认为它们密切相关,故以彼此作为时间的参照;三、《列王纪》是一个对历史进行神学评价的著作,它注重的是对诸王进行宗教上的评价;四、对诸王的宗教评价是以南国、耶路撒冷和耶和华崇拜为标准,带有显著的申典神学的特点。

《列王纪》的资料来源也较为复杂。史录是其主要材料。一些短篇的历史叙事如《列王纪上》12 章 1 至 19 节、《列王纪下》11 章等也是其原始材料。另外还有一些先知叙事,如《列王纪上》17 章至《列王纪下》13 章的"以利亚—以利沙"故事、《列王纪下》18 章13 节至 20 章 19 节的"以赛亚叙事"等。一些先知预言、民间故事、神迹故事或口头传说的原始材料也可能被加入进来,用来强化对先知形象的塑造。但圣经编者按"先知预言—历史应验"的模式将它们组合起来,形成更大的文学单元,将历史与神学混杂在一起。

《列王纪》中申典学派的编修痕迹也十分明显。除在叙事过程中插入一些先知预言之外,申典学派还在历史重大关头对历史事件进行神学解释,如《列王纪下》17 章 7 至 23 节对以色列覆亡的大段解释,21 章 2 至 16 节开始的以先知文体对犹大覆亡的解释,都是申典学派对以色列历史所做的概括性编修。它们鲜明地体现了申典神学的两大原则:纯洁耶和华信仰,在独一的圣地(当指耶路撒冷)敬拜耶和华。前者突出宗教纯洁,后者突出宗教统一。

四 圣经传统对王朝的价值判断

对王朝这一新型的社会组织形式,圣经传统对它的价值判断始终交织着矛盾的两个传统。一是从积极方面做出评价;二是从消极方面做出评价。

早在第一次以色列人试图建立王朝的实验中,士师基甸就曾以"只有耶和华为以色列之王"的神权主义来拒绝建立国家。[1] 在扫罗为王的叙事中,开始出现两条不同的传统。对王朝的正面神学评价,主要体现在如何拣选扫罗的叙事中(如撒上 9:1–10:16,11 章);而对王朝的负面评价则主要以撒母耳公开讲演的形式表达出来(8 与 12 章)。之所以对王朝做出消极的判断,其中既有社会学的原因,即人们对于王室十分之一赋税的经济担忧;又有神学原因,因为在以色列人与耶和华立约这一观念后面,隐藏着耶和华才是以色列人的王的信念。通过这一信念,既确立了所有以色列人在宗教上的平等地位,又将任何人间的王朝制度视为对耶和华为王的亵渎。因此,王朝的建立被视为人悖逆耶和华之罪的社会表现。

在《撒母耳记》中,对王朝持负面评价的传统是主流。其中原因可能是:在进入王朝时期之初,王朝的政治力量非常弱小,传统耶和华崇拜的影响又非常强大,所以,对王朝的消极价值判断成为主流。但随着大卫王朝的出现,以色列人的宗教理解发生改变,神学上一系列的新概念产生出来,对王朝的价值判断也发生

---

1 见《士师记》8:22–23。以色列人对基甸说:"你既救我们脱离米甸人的手,愿你和你的儿孙管理我们。"基甸说:"我不管理你们,我的儿子也不管理你们,惟有耶和华管理你们。"

了显著的变化。

对大卫王朝的价值判断,最集中地体现在《撒母耳记下》7 章的"拿单之谕"。其主要内容是围绕着"家"(בית,house)来展开的。"家"的含义十分丰富,对耶和华来讲,这就是"耶和华的殿",对大卫来讲,则是"大卫王朝"。整篇神谕的内容是:大卫不用为耶和华建立圣殿,但反过来,耶和华却要为大卫建立一个永远的王室。所以,它在神学上赋予大卫王朝以永远的正当性。它采用了立约的形式,但它暗含的是一个无条件的应许之约,而不同于以往的摩西之约,是一个有条件的责任之约。在大卫之约中,只看到耶和华这一边需要为大卫王室所负的责任,在大卫这一边却没有看到任何的责任。这是一个不可取消之约,虽然上帝会惩诫大卫王室的不当行为,但永远不会中止大卫的世系。它不是建立在人的可能性之上,而是建立在耶和华应许之上的圣约。而且,它还是一个"永约"。"直到永远"(עד-עולם,forever)一词不断出现,显示它是耶和华与大卫王朝所立的永约,一个永不废弃之约。以至于后来王朝覆灭之后,这一观念又构成弥赛亚盼望的思想基础。它还在耶和华与大卫谱系的君王之间确立了"父—子"的关系,即"我(耶和华)要作他的父,他要作我的子"(7:14),大卫谱系的君王被视为耶和华收养的儿子。

在《列王纪下》8 章所罗门献殿祷词中,大卫王室作为全体以色列人的代表清楚地体现出来。

A. 耶和华对大卫的慈爱(23-24)

   B. 为大卫世系的君王所做的祈求(25-30)

B′. 为所有以色列人所做的七个祈求(30‑50)

A′. 耶和华对所有以色列人的拣选与看顾(51‑53)

大卫及其世系对应于耶和华对所有以色列人的拣选与看顾。将上述祷词的范围放在更宽广的文本结构内,这种对应关系仍然存在:

A. 以大卫君王为中心的第一个祝福(14‑21)

B. 耶和华对大卫的慈爱(23‑24)

C. 为大卫君王的祈求(25‑30)

C′.为所有以色列人所做的祈求(30‑50)

B′. 耶和华对所有以色列人的拣选与看顾(51‑53)

A′. 以全体以色列人为中心的第二个祝福(54‑61)

它的前半部分围绕大卫王室,后半部分乃围绕以色列民。它意在说明:正如耶和华从万民中拣选以色列人,他也拣选大卫世系作为神圣拯救和祝福的代表。

所以,大卫王朝的建立、立都耶路撒冷、修建圣殿等事件,改变了以色列人对于王权的理解。以色列宗教传统内的君王神学开始形成,因圣殿所在地名为"锡安",故常称为"锡安神学"。其基本要点包括:一、耶和华与君王之间是一种父子关系;二、君王是神人之间的中介者,耶和华与人民立约,耶和华又与君王立永约,故君王可谓上帝在人间的代表;三、君王是虔敬和顺服耶和华的典范;四、君王代表耶和华在以色列和列邦中执掌公义;五、君王甚至还是帮助耶和华维持世界秩序,使其免受混沌侵害的代表;六、王城锡安是耶和华永居之地,是神界与人界交汇之地,是天与地之间的"肚脐"。

♥ 五 北国历史及其神学传统

从大卫王室分裂出去的北国,又回到了北部支派的旧有称呼——以色列。它与南部的大卫王朝(又称犹大国)之间的最大差异,就在于北国历史并非由一个世袭王朝主宰,而是不断改朝换代。在约 200 年的时间里,共经历了耶罗波安王朝(公元前 931 至 884 年)、暗利王朝(公元前 880 至 841 年)、耶户王朝(公元前 841 至752 年)和最后的混乱时期(公元前 752 至 722 年)。

耶罗波安是第一个分裂出去的君王,他采取两个措施来加强他的统治,摆脱南国犹大的影响。首先,他着力经营示剑,并"住在那里",也就是说,以示剑作为北国以色列的首都;其次,也是影响更为深远的事件,就是在宗教上脱离耶路撒冷的圣殿崇拜,他分别在南端的伯特利、北端的但建立圣所,使之成为北国的祭祀中心,并设立一套独立的祭司、节期制度(王上 12:32 – 33)。

耶罗波安王朝仅仅持续了 50 年,暗利篡位为王。暗利为王之后,在撒玛利亚建立首都,并与腓尼基、大马士革和犹大国开展贸易。这时北国的国力较为强大,以致于在亚述史料中,北国不是被称为以色列,而是被称为"暗利王室"(the House of Omri)。在经济上也处于较为繁荣的时期,导致社会的两极分化,富有者对贫穷者的欺压也表现突出。

在暗利王朝时期，叙利亚、北国以色列和南国犹大之间实力相当，彼此独立却又时常结盟，争夺领土。但是，亚述帝国的出现却使这些小国的政治命运发生了彻底改变。公元前853年，以色列、叙利亚及其他小国联合起来，抵抗亚述王撒缦以色三世（Shalmaneser III）对巴勒斯坦的入侵。亚述史料吹嘘己方大胜，但实际情况更像彼此相当。然而，这一次战役却预示着，此后以色列和犹大的命运将被卷入到亚述以及后来帝国政治的漩涡之中。

耶户是由先知以利沙所膏选的新王，他终结了暗利王朝，开创耶户王朝。但是，圣经关于耶户上台的政治叙事，却淹没在关于以色列人如何清洗巴力崇拜的先知叙事之中。耶户故事的高潮，是《列王纪下》10章18至28节将"拜巴力的人"全部杀死，将所有的巴力庙毁弃。公元前9世纪后半叶，由于叙利亚与亚述国相对衰弱，以色列和犹大都度过一段平静时期。北国的耶罗波安二世与南国的亚撒利亚都统治了较长时间，前者为41年，后者为52年。先知阿摩司属于这一时期，他的神谕和当代的考古发现都表明，这时以色列历史上政治平静、经济发展、社会繁荣，是难得的黄金时期。

但好景不长，耶罗波安二世之后，北国又陷入频繁的篡位与内乱之中。米拿现（Menaham）作北国之王时（公元前738年），亚述王提革拉毗列色攻打叙利亚，为免遭击打，米拿现只好进贡纳赋。后来，巴勒斯坦地区的小国试图联合起来，抵挡亚述帝国的入侵。先是叙利亚的利汛王和北国以色列的比加王联合起来，并攻打耶路撒冷,试图让不愿加入联盟的南国犹大的亚哈斯(Ahaz)退位,确立一个愿意结盟抗击亚述的新王。但是,亚哈斯转而向亚述求援,称臣纳贡,于是亚述提革拉毗列色王于公元前733年攻打叙利亚和以色列。大马士革和撒玛利亚先后陷落。比加王被杀,大片领土被割让,大批居民被流放到亚述,以色列国苟延残喘。但以色列人还是试图加入反亚述联盟,并从埃及王那里求助,不纳贡赋给亚述。亚述王撒缦以色五世发兵再次攻打撒玛利亚,于公元前722年攻占撒玛利亚,并将它的人口流放到亚述,撒玛利亚成为亚述的一个行省。北国历史就此结束。

与南国犹大相比,北国以色列的历史有如下几个特点:首先,南国是"世袭王朝制",而北国是"个人魅力型",与南国相比,北国以色列的历史混乱无序。在约200年的时间里,以色列经历了4个王朝,19个君王,而南国犹大始终是大卫子孙为君王,共12个君王。

其次,南北两国不同的地理处境,很大程度上决定了它们的历史差异。犹大是一个相对封闭的山区,对整个地区的管理相对容易;它没有重要的商道,外部势力无意去控制它。而北国以色列则相反,它所辖区域地形复杂,平原、峡谷、山地交错;支派众多,难以控制;它还处于亚非交通的关键位置,与外界交往频繁,受外部文化影响深刻;而且农业物产丰富,商业发达,故而怀璧其罪,易于被外部势力所窥视。北国的内部分化严重,在国际上与其他邻国的关系频繁而复杂。南国历史较为单一而平静,北国则受制于不同支派之间的争斗和外国势力的干涉,其历史复杂而波动起伏。

最后,北国和南国以不同的方式,亡于不同的世界帝国,导致后来历史道路的根本差异。公元前 722 年将北国灭亡后，亚述的统治方式是：一方面将以色列人中的社会上层和能工巧匠流放到帝国的其他部分，使他们尽快消失在异族人群中；另一方面又从别处把异族人口迁入，使北国成为一个杂居之国，北国自身的宗教与文化传统难以继续传承。南国虽然后来也亡于巴比伦，但巴比伦的统治方式是：一方面将犹大人整体地流放到外地，使得他们即使在异地仍可以保存自己的传统；另一方面巴比伦也没有像亚述人一样，将一些新的社会上层迁入犹大。所以，虽然南北两国都被大帝国所灭，但是传统延续下来的方式却完全不同。北国自此之后国家消失了，宗教、文化和历史也都随之消失。国家的终结就是一切的终结。而南国则不同，他们保存了自己的传统。流放时期是他们对传统的保存、整理与重新解释的重要时期。当世界帝国政治发生重大变化，波斯灭亡了巴比伦之后，流放巴比伦的犹大人得以回归耶路撒冷，重拾中断的传统，开创出"第二圣殿时期"。对南国而言，国家虽然消失了，但是宗教和文化传统却强有力地发扬起来。

🔾 小知识　E 传统 ————————————————

　　长久以来，人们注意到五经中存在着较多的故事重复叙述的现象。从底本假说开始，人们认为，五经除 J 典之外，还有一个所谓的 E 典，或者称为 E 传统，它的作者或编修者统称为 E 作者（Elohist）。

通常被归为 E 传统的典型经文包括：

亚伯拉罕叙事	创 15:1-6, 13-16, 20:1-17, 21:8-21, 21:22-34, 22:1-14, 19
雅各叙事	创 28:11-12, 17-18, 20-22, 31:4-16, 17-24, 25-42, 45, 49, 50, 53-54, 35:1-8
约瑟叙事	创 37:20-24, 28a, 29-30, 36, 40-41, 42:1a, 2-3, 6-7, 11b, 13-26, 28b-38, 45:2-3, 5-15, 46:1-4, 48:1-2, 7-14, 17-22, 50:15-26
摩西叙事	出 1:15-21, 3:1, 4b, 6, 9-13, 15, 4:17, 18, 20b, 13:17-19, 14:5a, 19a, 15:20-21, 17:4-7, 8-16, 18:1-27
立约叙事	出 19:2b-3a, 4-6, 16-17, 19, 20:18-21, 24:1-2, 9-11, 24:12-15a, 18b, 32:1-6, 15-20, 33:3b-6, 7-11
旷野流浪叙事	民 11:1-3, 16-17, 24-30, 22:2-21, 36-40, 22:41-23:26
摩西辞世演说	申 31:14-15, 23, 34:1-12

在神学倾向、材料选取、叙事风格上，E 传统都有自己的特色，例如：它为先祖讳，试图为先祖的道德问题加一点理由；有较强的神学或道德宣讲的风格；仪式色彩更为强烈等。在历史批判学之初，人们试图将 J 与 E 细分。但近来人们意识到，JE 在很早期间即已合流，今天很难将 E 与 J 截然分开。有学者甚至认为 E 不是一个完贯的传统，它只是在某些方面对 J 进行补充，所以没有

E 传统，只有 E 片断。

　　虽然在政治上北国从犹大分裂出去，但对于是否存在不同的北国或南国宗教或神学传统，学者们仍有较大争议。如果说存在特色比较鲜明的北国神学传统的话，那就是所谓的 E 传统。其主要特点包括：强调先知的角色、强调对神的敬畏、强调西奈之约、对历史的二元理解等。

1. 强调先知的角色

　　E 传统的总体叙事是以四位以色列人的先祖为支点建构起来的：亚伯拉罕、雅各、约瑟与摩西。在 E 传统叙事中，他们都或多或少是按照先知的模式来叙述的，亚伯拉罕被直接称为"先知"（创 20:7）；摩西的呼召经历以及他在神人立约中的角色，采用的是先知式的语言与模式（出 3）；而雅各与约瑟或在梦中、或通过对梦的解释来得到神启，以表明他们"有神的灵在里头"（创 28:11 - 12,31:4 - 16,41:38 - 41），也是用先知的形象来描述他们。在对这些先祖与君王关系的叙述中，也与《列王纪》所描述的先知既帮助又批判君王的复杂关系相契合，如亚伯拉罕祷告神，使亚比米勒的妻子得生育；约瑟帮助法老渡过难关等。但在总体上，他们更多地展现了 E 传统对于王权的批判态度，如亚伯拉罕、摩西与君王作对等。这展现了 E 传统对君王的看法，即君王不能被神化，更不是"神的儿子"，先知才是神的代言人，应该由先知来扮演领袖的地位，或至少由他对王权进行监督。

2. 强调对神的敬畏

"敬畏神"（ירא אלהים，to fear God）也是贯穿在 E 传统叙事中的主题之一。在 E 传统之始，当叙述神对亚伯拉罕的呼召时，说"你不要惧怕（即敬畏）"；亚伯拉罕在解释为何称撒拉为自己的妹子时，因为他以为"这地方的人不惧怕神"，会因撒拉的缘故杀他；在著名的祭献以撒的故事中，作者利用"敬畏神"（ירא אלהים，to fear God）和"耶和华必预备"（יהוה יראה，YHWH provides）之间字母相近，来表明"敬畏"与"神预备"之间的关系。在雅各的故事中，当他意识到伯特利就是神之家时，他说"这地方是何等可畏"（创 28:17）；约瑟也是一个"敬畏神"的人（42:18）。在出埃及叙事中，那两个接生婆不杀希伯来男婴，也是因为她们"敬畏神"（出 1:17,21）；摩西在民中选出审判官，也要他们"敬畏神"（出 18:21）；最后，在西奈的神显叙事中，摩西又说："你们时常敬畏神，不至犯罪"（出 20:20）。

因此，E 传统将"敬畏"一词发展成一个综合的概念。它既包括人在经验神圣时的感情，表明上帝是超越的、令人畏惧的；还指神人之间关系的呼应，即人"敬畏"神，神则为人"预备"；还指人对神启律法或神的圣所（如伯特利）应有的敬畏；还指一种英雄人物应有的品性（如亚伯拉罕与约瑟）。"敬畏"一词综合地体现了人对上帝和圣约的顺服与忠诚，是人以恰当的敬拜与信仰来回应上帝的方式。

3. 强调西奈之约

E 传统要求以色列人遵守圣约，并以之为以色列人的本质。它还以人是否遵守西奈之约为核心,即"立约—人的悖逆—神的慈爱—重新立约"的循环史观,来解释以色列人的历史命运。在 E 传统关于神人之约的叙述中,深刻地体现了北国传统的宗教现实,即一方面以色列人的偶像崇拜不断破坏圣约,但另一方面,通过以摩西为原型的先知向神代求,神基于他的慈爱与恩典再立新约。

4. 对历史的二元理解

对 E 传统而言,历史是民族主义的。因此,E 传统的族群史的起首就是亚伯拉罕,而非如 J 或 P 传统有一个更宏大的开局。E 传统为历史的发展设置了两条线索,一条以亚伯拉罕、以撒、雅各和摩西为代表;另一条以亚伦和悖逆的以色列人为代表。前者是敬畏神,信守圣约的历史;后者则是敬拜别神和悖逆圣约的历史。它还在历史叙述中设置了一些关键点,来试验以色列人如何在这两条历史道路之间进行选择。例如,《创世记》22 章 1 节对作为家族首领的亚伯拉罕是否敬畏神的试验,以及《出埃及记》20 章 20 节对整个以色列人的测试等。

六 南国及其神学传统

已如前述,与北国相比,南国历史的主要特点是其延续性、平稳性,大卫世系牢牢地控制着南国之王位。

在神学上,人们常把 J 传统称为南部宗教作品的代表作。它的文学特点较为鲜明:首先,它以人格化的语言来描述耶和华。

在形体与心理上,J传统用类人的身体或心理活动来叙述耶和华的作为。例如,在《创世记》中,"耶和华在园中行走"(3:8);他为亚当与他妻子"做衣服"(3:21);他把挪亚方舟的门关上(7:16)等。其次,J作者有一套独特而丰富的叙事词语,例如:以"知道"(ידע,know)一词来做"同房"的委婉说法;以"求告耶和华的名"(קרא בשם יהוה,call upon the name of YHWH)来表示敬拜上帝;以"祝福"(ברך,bless)来表示耶和华施福于人的动词;喜欢通过词戏(wordplay)的方式来做推元学解释,如泥土(אדמה)与人(אדם)、巴别(בבל)与变乱(בלל)等。

在神学上,J传统具有深刻的神学理解,甚至可被称为"第一个神学家"。它对于王权的神学判断,已如前节,不再赘述。它还通过宏观、普遍的人类史叙事来构想神人之间的悖论性关系:人不断地犯罪,偏离上帝;上帝惩罚人的罪,却又不断地减轻惩罚,为神人和谐状态的复归开出新的可能。例如,在《创世记》2至11章中,故事单元一个接一个地重叠,又一个接一个地推进,形成一个故事链条,讲述了从亚当夏娃开始,经过该隐与亚伯、大洪水,直到巴别塔,人的知识与能力不断前进,但带来的不是祝福,而是暴力与失序。因此,耶和华不断介入到人的历史之中,惩罚人类,将人逐出伊甸园,使第一个杀人犯"流离飘荡在地上",用大洪水毁弃生物,最后是将人分散在全地以避免他们一起作恶。同时,伴随着它的还有另外一条神学线索,即耶和华在每一个故事中又都展现他"慈爱"(或恩典)的一面,在每一次对人罪的惩罚中都留下继续前行、开启新的可能和机会的余地。例如:耶和华将亚当和他妻子逐出伊甸园时,用皮子为他们做衣服(3:

21);为杀人犯该隐立一个记号,免得人遇见就杀他(4:15);允诺不再毁灭生物(8:20－22);巴别塔之后他对亚伯拉罕的呼召(12:1－3)等。

◇ **思考题**

1. 试述扫罗王朝建立时以色列人的内外困境,扫罗王朝体制与士师制度有何不同?

2. 试述《撒母耳记》或《列王纪》中申典学派的概括性编修,它体现了申典学派对于王朝有怎样的态度?

3. 锡安神学对王权有何看法?你认为它对犹太—基督教传统有何深刻影响?

4. 与南国相比,北国亡于亚述的方式有何特殊之处?它对于北国宗教及族群的传承有何深刻影响?

5. E 传统的神学有哪些基本特点?请尝试分析亚伯拉罕故事中 E 传统的因素。

6. J 传统的神学有何特点?试以《创世记》2 至 11 章为例,分析其中 J 传统的因素。

📖 **进深阅读**

1. Buccellati, Giorgio, *Cities and Nations of Ancient Syria*: *An Essay on Political Institutions with Special Reference to the Israelite Kingdoms* (Rome: Instituto di Studi del Vicino Oriente, 1967)

2. Collins, John, *Introduction to the Hebrew Bible* (Minneapolis: Fortress, 2004)

3. Cressmann, Hugo, *Narrative and Novella in Samuel*: *Studies by Hugo Gressmann and Other Scholars 1906 – 1923*, trans. by D. Orton (Sheffield: Sheffield Academic Press, 1991)

4. Cross, F. M., *Canaanite Myth and Hebrew Epic*: *Essays in the History of the Religion of Israel* (Cambridge, Mass.: Harvard University Press, 1973)

5. Gottwald，N.，*The Hebrew Bible：A Socio-literary Introduction*（Philadelphia：Fortress，1985，2003）

6. Halpern，Baruch，*The Constitution of the Monarchy in Israel*（Chico，Calif.：Scholars Press，1981）

7. Hurowitz，Victor，*I Have Built You An Exalted House：Temple Building in the Bible in Light of Mesopotamian and Northwest Semitic Writings*（Sheffield：JSOT，1992）

8. Jenks，Alan W.，*The Elohist and North Israelite Traditions*（Missoula，Mont.：Scholars，1977）

9. Knoppers，Gary N.，*Two Nations Under God：The Deuteronomistic History of Solomon and The Dual Monarchies*（Atlanta：Scholars Press，1993）

10. Seters，John van，*Prologue to History：The Yahwist as Historian in Genesis*（Louisville，Ky.：WJK，1992）

11. 游斌:《希伯来传统中的国家合法性问题》,载《哲学研究》2002 年 3 月

12. 游斌:《先知精神与摩西宗教:希伯来宗教的轴心突破之路》,载《道风:基督教文化评论》26(2007),第 179 - 201 页

第九章
《以斯拉记》与《尼希米记》：从流放到回归

流放巴比伦以及回归耶路撒冷是塑造古代以色列人文化与宗教的一个重要时期，不仅《希伯来圣经》的多部书卷都以流放时期作为历史背景，而且《希伯来圣经》的整体结构、最后阶段的编修也都大致形成于这一时期。虽然以流放与回归作为主题的历史作品只有两部，即《以斯拉记》与《尼希米记》[1]，但是，多部经书都是我们考察流放与回归的基本文献。

---

[1] 在基督教传统中，它们被置于"历史书"之内，而在犹太教传统中，则被置于"圣卷"。

◎ 一 流放时期的两个群体

粗略地说,流放时期包括从公元前 597 年第一次流放,586 年犹大亡国第二次流放,直到 538 年波斯灭巴比伦,并颁令犹太人回到巴勒斯坦约 60 年的时间。[1] 这一阶段在犹太教的文化与宗教发展中具有如下意义:一、它开启了犹太人的散居传统,形成与散居生活相适应的崇拜方式,对"上帝话语"的敬拜以及会堂制度成为以色列人宗教生活的新形态;二、它使得以色列人的历史在两个不同的空间展开,形成了不同的社群:巴勒斯坦的留守群体和巴比伦的流放群体,它们有不同的生存经验,使他们对历史和宗教的理解形成了不同的传统;三、流放时期对既有传统的文本进行整理、编修、重述,其隐含的神学观念对犹太—基督教传统造成了深远影响。

公元前 597 年的第一次流放,使犹大国的精英阶层被流放到巴比伦,此后,以色列历史就在两个空间里发展:巴勒斯坦故土和巴比伦散居地。[2] 关于这两个群体的生活情形,需要澄清两个习惯性理解:一、留居群体并非如通常人们所想的那样只属于社会底

---

1 犹太人(Jews)这个名称,曾用于西亚人对北国灭亡(即公元前 722 年)之后的南国人的称呼,但真正流行起来,还是在公元前 586 年耶路撒冷沦陷以后。后流放时期,犹太人(היהודים, the Jews)这个称呼是波斯帝国对犹大行省(יהודה, Judah)的人的称呼,如《尼希米记》1:2。后来,希腊文将这一称呼转译为 Ιουδαίων,拉丁文又将其写成 judaeus,英文转译为 Jew。本书在后流放时期之后,就多用犹太人来称呼他们,而在此之前,则多用以色列人。
2 另一个空间是在埃及,但是,它对于《希伯来圣经》没有实质的影响,在此不做考虑。

层,事实上他们也做出比较重要的文学成就。二、巴比伦的生活
处境并非想像中那样艰苦,部分犹太人在流放处境中获得了较好
的社会和经济地位。这两个群体既有密切联系,又为谁更为正
统、谁是真正的以色列人等问题争论不休。[1]

对巴勒斯坦的留居之民来说,耶路撒冷沦陷与圣殿被毁是以
色列历史上的大劫难,以色列人的社会生活与结构显然被严重破
坏。按《耶利米哀歌》,饥荒、暴力与社会无序是当时巴勒斯坦留
居之民的基本生存处境。但按《耶利米书》,此后情形似乎转好。
那些逃往各地的犹大人回到巴勒斯坦,在劫难之后恢复生产,甚
至开始"积蓄了许多的酒并夏天的果子"。同时,中上层人物被流
放之后,那些留下的土地被重新分配,由那些本来"毫无所有的穷
人"耕种田地和修理葡萄园。

通常人们认为,只有社会底层的人留在巴勒斯坦,但实际上,
一些能写能文的人也留在耶路撒冷,例如:《耶利米哀歌》应该是
在耶路撒冷写成的,它展示的高超文学技巧显示作者受过良好的
教育;一些《诗篇》,如 74 和 79 篇等,也应该是在耶路撒冷写成
的,并可能用于巴勒斯坦群体的崇拜生活之中。此外,申典历史
(即从《申命记》到《列王纪》)的最终完成,很可能就是留居之民在
巴勒斯坦地区编修而成的。

对处于巴比伦的流放群体来说,首先,被流放到巴比伦的犹
大君王及其贵族在巴比伦仍然享有一定的社会或政治地位,如

---

1 按耶利米,他用一筐坏了的无花果来比喻故土之民,用好的无花果来比喻流放之
民,表示那些被流放到巴比伦的人才是耶和华未来眷顾和重建的群体,而故土之民
将再次承受灾祸,乃至灭绝(耶 24)。但按以西结的转述,对耶路撒冷的留守之民的
看法恰恰相反(参结 11:15,33:24)。

《列王纪下》25 章 27 至 30 节对约雅斤王的描述所示。其次，犹大人能够在巴比伦组织起自己的社区。《以斯拉记》《尼希米记》以及一些先知文献谈到犹大人在巴比伦的定居点名称，表明这些定居点是犹大人领有并开发战争废墟，并建立起自治村庄，由长老或族长对犹大社群进行管理。流放在巴比伦的犹大社区能够较完整地保存，并有较好的发展。他们以血缘或部族为单位，在流放地建立自治社群，这也是后来被流放的犹大人能够从巴比伦回归并重建耶路撒冷的社会基础。再次，在长期的散居生活中，犹大人采取了"融入"当地的政策，一些人甚至享有较高的社会经济地位。最后，生活在巴比伦的犹大社群也面临着被同化、失去族群身份的危险。不到百年之后的回归之时，当以斯拉在众人面前宣读希伯来文的律法书时，甚至需要利未人散布于人群之中做助手来翻译和讲解，说明希伯来母语在流放群体中已经不那么流行了。

◐二 流放群体的神学作品

在流放时期，主导以色列人思想的问题有两个：一、如何解释以色列人遭遇的流放处境？如何向以色列人言说未来？因此，在流放时期的作品中，有一个矛盾的现象，即先知一方面继承前流放时期的批判精神，将流放之历史境遇归结为以色列人的"罪"；另一方面又特别宣扬安慰的精神，认为上帝的惩罚将止于流放这一代人，将来以色列人必得新生。二、如何处理与两河流域文化之间的关系？巴比伦的两河流域文明悠久成熟，在世界起源、人类命运等问题上也形成丰富的思想体系，将两河流域的文明成果吸收到以色列文明之中，是流放时期的显著特征。《以西结书》和所谓的 P 传统对这两个问题都做了很好的回应。

1.《以西结书》的文本与思想

在所有的先知文献中，《以西结书》也许是结构最整齐、时间顺序最清晰的书，其总体结构也体现出流放时期先知"审判"与"安慰"并重的思想。

A. 1 至 24 章。公元前 586 年耶路撒冷陷落前，在流放地的以西结先知对那些仍然留在巴勒斯坦的人们所发出的先知传言，其中又包括：1 至 3 章是以西结被呼召为先知的叙述；4 至 24 章是针对南国犹大和耶路撒冷所发出的审判宣告。

B. 25 至 32 章。是以西结先知针对巴比伦的西进，对西亚小国发出的"审判神谕"。

C. 33 至 39 章。核心内容是"拯救宣告"，包括：以西结被呼召为"守望人"；流放之民回到故土。

D. 40 至 48 章。在锡安山建立了新的圣殿，耶和华重归圣殿，它成为新天新地的中心。

《以西结书》构成一部结构整齐、内容清晰的经卷。它开始于耶和华离开圣殿，耶路撒冷在惩罚中被洁净；结束于对耶和华重回锡安的描述,自此之后,锡安重新作为上帝圣民乃至新天新地的中心。

面对流放群体,以西结首先要做的是从神学上解释以色列人为何有此遭遇。他一方面将灾难的原因归结于耶和华,即这些灾难是一个正义、全能之主的安排;另一方面又将直接原因归结为以色列人的深重罪性。所以,神的作为与人的责任是他解释历史事件的两个基本因素:

> 我必照他们的行为待他们,按他们应得的审判他们。他们就知道我是耶和华。(7:27)

通过对灾难事件的意义化解释,以西结先知将神学重点从外在的灾难或对上帝的质疑,转到对人的罪性以及人的自身责任的考察上来。

以西结先知既强调贯穿在以色列历史中的一贯罪性,又呼唤"这一代"以色列人进行悔改,以求得拯救。《以西结书》18 章关于"个人责任"的思想,是以色列宗教史上的一个分水岭。以西结认为,义人在巴比伦人的侵掠面前,也能因他们的德行而被耶和华佑护。他说:"义人若转离义行而作罪孽死亡,他是因所作的罪孽死亡;再者,恶人若回头离开所行的恶,行正直与合理的事,他必将性命救活"(26 - 27 节),彻底地主张个人责任的原则。

以西结的个人主义实际上是他呼唤以色列人悔改,最后得拯救的理论前提,也是他对流放处境中的以色列人进行安慰的起点。他说:

所以主耶和华发神谕说：以色列家啊，我要判罚你们，各照各人所行的。回转吧！转离你们一切的罪过吧！免得罪过成了你们陷于罪罚中的因由。你们将所犯得罪了我的一切罪过尽行抛弃吧！为自己作成个新的心、新的灵吧！何必死亡呢，以色列家啊！因为连垂死之人之死亡我也不喜欢呢！这是主耶和华发神谕说的。所以你们要回转以得活着。（18:30 - 32，参吕振中译本）

这里的回转就是要求以色列人从作恶之路上悔改而为义，并因此而活着。

对于流放地的以色列人来说，应该在什么样的基础上重建群体是其核心问题。以西结强调以色列之为"圣约之民"的本质，认为重建之民应该是一个心与灵皆被更新，从而自觉遵守上帝律法的群体。他说：

我也要赐给你们一个新心，将新灵放在你们里面。又从你们的肉体中除掉石心，赐给你们肉心。我必将我的灵放在你们里面，使你们顺从我的律例，谨守遵行我的典章。你们必住在我所赐给你们列祖之地。你们要作我的子民，我要作你们的神。（36:26 - 28）

这段话中，"你们要作我的子民，我要作你们的神"的表达式提醒耶和华与以色列人之间的圣约关系；而它与过去的圣约又有所不同，乃是上帝将自己的灵运行在人们的心中，是在"新心新灵"基础之上的，自觉自愿地顺从律例的圣约关系。

在心灵的改变之外，以西结还基于其继承的祭司传统，围绕着三个具体的宗教形制来构想理想的以色列群体,即:圣殿、崇拜和回到故土的以大卫为理想君王的合一之民。首先,以西结对于耶和华将立之新约的构想不只是一个心灵之约,而是以有形的圣所(מקדש,sanctuary)作为其必要因素。其次,以祭祀为核心的圣洁生活在重建群体中有着基础性地位。最后,回到故土的、以大卫世系为君王的合一之民,是以西结所构想的重建群体的政治基础。在以西结所宣告的耶和华与以色列人所立的新约是一个平安的永约,它既包括被重新洁净的、丰产的故土,也包括从大卫世系而出的理想君王。简言之,它是要重建一个神治的群体,以耶和华的圣殿、圣洁的祭祀生活作为其核心要素。同时,它又是一个政治实体,要在耶和华的护佑之下重归故土,并由大卫世系的理想君王以公平与公义实行治理的统一王国。

2. P 传统

一般认为,通常被称为 P 传统的文本也是在流放时期编修完成的。它是以整理、编修与重释为形式的神学创造,是流放时期的以色列人所取得的重大文本成就之一,有着独特的社会观、历史观、伦理观和神学思想。

与前述 J、E 一样,P 也不是一个文本边界非常清晰的概念。人们一般用"减"的方法来对其进行界定,即五经除去 J、E 及《申命记》之后,也就都归于 P 传统了。在内容上,它大致可以分为两个主要部分:一是贯穿在从《创世记》1 章到《出埃及记》24 章这一宏大叙事之中的编修框架及附加内容,包括一些礼制的起源、家族谱系等,如《创世记》1 章的安息日、17 章的割礼等。它们并不构成一个独立的叙事,而是接受已有的 JE 合流的叙事材料,对其进行编修以表达自己的神学关切。二是包括《出埃及记》25 至 31 章、35 至 40 章,并一直到《民数记》10 章 10 节的大段关乎崇拜、祭祀、祭司制度乃至日常生活法典的文本。其中,《利未记》17 至 26 章又十分突出,统称为"圣洁法典"。除此之外,《申命记》的最后部分,以及《约书亚记》13 至 19 章,也被称为 P 传统的作品。

按"五经四源说"的传统看法,五经成典是由 JEDP 按年代叠加而成的,其中 J 成于公元前 950 年前后,E 成于公元前 750 年前后,D 成于公元前 650 年前后,P 成于流放时期。这种次序发展的观点现在基本上被抛弃,人们更倾向于认为 P 传统同样运用了诸多的古老材料。P 传统与前三者之间大致是一种平行发展的关系,都是从更古老的时期发展出来的。但它的完成应该是在流放时期或更晚。因此,P 文本经过诸多时代不断层累而成,其运用的原材料有的非常古老,有的则相对新近。一方面它们相对集中地反映了耶路撒冷圣殿崇拜的祭祀旨趣,尤其是圣殿礼制、祭司制度、圣俗分别、宗教节日等,可称为"祭祀作品"(Priestly Work),故简称为 P 传统;另一方面它们也综合地反映了以色列宗教的方方面面,包括神学信念、历史观念、伦理要求与社会正义,不能因为 P 以祭祀材料为主,就对其有所忽视。

P 传统的意义是多方面的。首先,它保存并整理了古老的以色列祭礼传统,使人们更清晰地看到以色列人的信仰体系及其外在礼制之间的互动关系。其次,它以编修的方式对已成为整体的 JE 文本进行重释,深化并丰富了以色列人的宗教视野。例如,它在《创世记》2、3 章的失乐园故事之外,补充了第 1 章的创造故事;

在 6 至 9 章的 JE 洪水故事之外,补充了带有 P 传统特征的内容;在 15 章的亚伯拉罕立约故事之外,补充了 17 章的立约故事。最后,由于 P 传统的编修,以色列历史呈现为一幅以宇宙论(即世界创造)为开始,以人类学(即以色列人在西奈成为一个崇拜群体)为结束,其中又囊括了世界史与家族史、神圣与世俗生活、伦理要求与社会正义等内容的宏伟叙事。也就是说,P 传统使四经成为一个整体,从总体上界定了以色列人的信仰及族群身份。

P 典的神学主题与基调是非常独特的,其核心即是对耶和华上帝的敬拜生活。它在编修自己独特的祭祀文本之外,也采用与 JE 传统类似的历史叙事,其中心意旨就是:从上帝之创世开始,人类(后来是以色列人)就在历史中不断地以崇拜方式经验到上帝与他们的同在。以色列人被上帝拣选出来,就是要成为一个"崇拜的群体"。其存在意义不仅是要见证上帝在历史性的出埃及事件的拯救大能,而且要表达他们之为被造物向创造者的赞美和敬拜。因此,其叙事的中心不是上帝在历史中的拯救行为,而是上帝在宇宙中的创造者地位。在它看来,西奈之约的重点乃在于对以色列人的崇拜生活的安排,因为它表达了信仰群体对作为创造者的上帝的敬拜。以色列人的生活意义就在于遵守这一套崇拜礼制。

在 P 传统看来,崇拜礼制不是一套外在的僵硬规范,而是神人和好的途径。与以西结相似,P 传统从两个原则上发展它的思想,即上帝的无限恩典、人的罪性与堕落。在它看来,神人关系的重建只能依赖于上帝的无限恩典,而崇拜礼制就是上帝将恩典延展至人的途径。崇拜自身被认为是尊崇、滋养或重建上帝在创世之时安排好的世界秩序的一个基本途径。

在圣经研究中,确定某个传统与别的诸传统之间的关系,尤其是它们的先后顺序,是一个有趣但困难的问题。尤其是对 D 与 P 传统先后关系的看法,不仅是一个宗教史问题,而且是一个神学问题。

威尔豪森认为 D 早于 P,其理由包括:一、《申命记》的中心问题是崇拜的集中化问题,而 P 传统把集中崇拜当作一个理所当然的前提,故 D 在 P 之前。二、D 没有明确区分利未人与祭司,而 P 却将他们分开,并使利未人低于祭司,反映的是第二圣殿时期的宗教现实。三、P 对节期的规制最为详细、系统,比 D 的类似规制要完善,说明它可能更为晚近。

但人们也提出相反的论证。一、D 传统的某些规定,是以 P 的某些文本为前提、依据或范本。例如,《申命记》24 章 8 节所指的"在大麻风的灾病上",要照着祭司利未人的指示办,就是指 P 传统的《利未记》13 至 14 章的规定。再如,《申命记》14 章的食物条例,是对《利未记》11 章的改编。二、不能因为 P 没有直接提到集中崇拜,就认为它预设了集中崇拜。三、考古证据倾向于表明,公元前二千纪的西亚宗教已有系统、精致的祭祀活动,说明 P 对仪礼活动的细致规制并非是后流放时期犹太教的发明,而很可能是古代以色列宗教的真实反映。如果这样,P 要早于 D。

对 D 与 P 谁先谁后的讨论,实际上隐含着不同宗教传统对圣经的不同宗教元素的侧重。威尔豪森带着新教神学的角度来看圣经,如同新教对天主教和犹太教的仪礼、崇拜加以轻视一样,他将 P 定位于在 D 之后,是为了说明第二圣殿的犹太教的制度化,是早期先知传统的堕落,从而将早期基督教的产生当作是对这种堕落的纠正,为新教的礼仪改革确立圣经的依据。反过来,犹太教学者要证明的是包含在 P 中的崇拜礼制是古代犹太教古老的、真实的重要部分,因此倾向于将 P 的断代追溯到远古时期,起码要在 D 之前。

⬥三 《以斯拉记》与《尼希米记》的文本结构

直接记载回归群体的历史经验的圣经书卷是《以斯拉记》和《尼希米记》。按《希伯来圣经》的编排,它们被当成是一卷书,置于"圣卷"部分。希腊文的七十子译本将其分成两本,今天天主教与基督教的主要译本仍将它分为两部书。但是,《以斯拉记》与《尼希米记》的人物、事件和叙事都是交叉在一起的,很难分开,表明它实际上是由一个人所做,或起码是由一个人最后编修完成的。

《以斯拉记》与《尼希米记》的内容可分为三个部分:

1. 最初的回归群体与第二圣殿的修建(拉 1 - 6)
2. 大祭司以斯拉的作为(拉 7 - 10;尼 8 - 9)
3. 省长尼希米的作为(尼 1 - 7,11 - 13)

但它们的文本来源较为复杂。就第一部分而言,这些原材料包括波斯王居鲁士允许以色列人回归的敕文、回归者的名单以及与波斯宫廷的往来奏文等。其中 5 章 13 至 15 节、6 章 3 至 5 节、4 章 8 节至 6 章 18 节是用亚兰文写成。这一部分的组织也较为凌乱,它以波斯王恩准以色列人回归耶路撒冷这一主题来组织材料,没有严格的时间和逻辑顺序。众多材料像补丁一样,被缝接在一起。在第二部分,关于以斯拉的叙事中,既有第一人称,也有第三人称的叙事。其他的材料包括:亚达薛西对以斯拉的授命、与以斯拉一同回归的人名录、与外族通婚的以色列人名录等。第三部分关于尼希米的叙事,则主要由第一人称的材料(尼 1 - 7)组成,但也杂有其他的材料来源,如 11 至 13 章中的地名、人名与谱系等。从这些材料所讨论的事件来看,它的最后成型当在第二圣殿完成、尼希米的任期之后,大约在公元前 400 年左右。

圣经对于回归群体的叙事,乃围绕以斯拉和尼希米来进行,这说明自公元前 538 年第一批流放之民回归开始,经过 100 多年,到以斯拉—尼希米时回归群体才真正建立起来。在对这两位中心人物的叙述中,圣经文本留给人们两个基本印象:一、以斯拉与尼希米协力合作,塑造着回归群体;二、以斯拉以“通达律法书的文士”身份发动的宗教复兴在先,尼希米以波斯派遣的犹大省长身份完成的圣城修建在后。

但通过对圣经文本和历史背景的综合考察,上述两点都值得怀疑。真实情况很可能恰恰相反:一、尼希米与以斯拉的生平并无交叉或重叠;二、尼希米活动在先,以斯拉活动在后。理由有这么几点:首先,圣经中以斯拉和尼希米的叙事属于两个比较独立的文本来源。关于以斯拉的行状，分别见于《以斯拉记》7 至 10 章与《尼希米记》8 章，其中以第一人称自述的《以斯拉记》7 章 12 节至 9 章 15 节被称为"以斯拉自传"，其余则是以第三人称所作的叙事。而整个《尼希米记》除了第 8 章是关于以斯拉的叙事外，基本上都可归入以第一人称自述的"尼希米自传"。虽然圣经编者有意识地将两者叙述在同一个活动场景之内，如《尼希米记》8 章 9 节所述"省长尼希米和作祭司的文士以斯拉"一起鼓励众民；12 章 26 节和 36 节两人在城墙告成礼上同时出场等，但是他们都带有显著的编修痕迹，缺少彼此的内在关联。可见，这两个原始的自传乃是在后期被编者有意识地穿插在一起，使读者感觉以斯拉与尼希米处于相同时代，并协同工作以建立回归群体。

其次，圣经中的以斯拉形象是非常理想化、模式化的，使人难以相信他是一个历史上的真实人物。[1]按他的谱系，他被称为是巴比伦流放之前圣殿祭司"西莱雅"的儿子，由此直追到"撒督—亚伦"，显然这不能从历史角度加以理解，而主要是为了彰显以斯拉的宗教血统。因为按《历代志上》6 章对初期回归群体（即比以斯拉约早 100 年的宗教领袖）耶书亚的谱系追溯：耶书亚是约萨答的儿子、西莱雅的孙子，那么，后来的以斯拉反而要在辈分上高于耶书亚。而公元前 450 年前后的以斯拉如何可能是公元前 586 年的西莱雅的儿子，也不好回答。将以斯拉称为西莱雅的儿子，与其说是为了说明两个人之间的父子关系，不如说是强调第二圣殿与第一圣殿的父子关系，是为了证明以斯拉之后的回归群体才

---

1 约于公元前 2 世纪早期成典的"次经"《便西拉智训》对以色列历史的回顾中，只提到尼希米，未提及以斯拉。参《便西拉智训》49：13。

真正地延续了前流放时期的犹大正统。

再次，按《以斯拉记》，与以斯拉同时代的大祭司是"以利亚实的儿子约哈难"，而按《尼希米记》，与尼希米同时代的大祭司是"以利亚实"。它进一步表明尼希米要早于以斯拉来到耶路撒冷，而圣经叙事将以斯拉置于尼希米之前，并将两人的活动置于相同的时空背景进行交叉叙述，乃后流放时期的史家们编修的产物。

最后，从以斯拉在耶路撒冷开展崇拜、整顿社团的情形来看，他所在的耶路撒冷已经是一个人口密集、权力结构清晰、人们彼此熟络的成熟社团，而按《尼希米记》，后来的尼希米到达耶路撒冷时，当地仍然人口稀少、破烂溃败、一片荒芜的景象，以至于尼希米不得不要求回归群体中每 10 人中抽 1 人来住在耶路撒冷，以繁荣其人口。就此而言，以斯拉也应该是在尼希米之后来到耶路撒冷，并以"摩西的律法书"重整回归群体。

❤四 回归群体重建的历史背景

对于以斯拉—尼希米在耶路撒冷的所作所为，必须置于公元前 5 世纪中期地中海东岸的历史大背景之下，才能得到充分的理解。这包括两个方面，即主要大国在地中海东岸的角逐，以及巴勒斯坦地区各小族群之间的关系。

公元前 6 世纪末期之后，地中海东岸的政治主要由亚欧大国波斯和希腊之间的战争所左右。公元前 512 年，大流士跨过博斯普鲁斯海峡，西进欧洲，攻占色雷斯。但希腊众城邦在雅典的带领之下于公元前 499 年开始结盟反抗波斯。在希腊的挑动之下，埃及和巴比伦分别在公元前 486 年和公元前 481 年先后爆发起义，要脱离波斯的统治。波斯与希腊之间的战争各有胜负，但谁也没有最终获胜。公元前 449 年，波斯与希腊终于达成"加利亚和约"（Peace of Callias），同意雅典不得干涉埃及和塞浦路斯事务，而波斯亦不得侵扰希腊诸城邦。

公元前 5 世纪中叶，波斯与希腊、埃及相争的国际格局导致波斯帝国对巴勒斯坦的大力经营，这是以斯拉—尼希米奉波斯王谕令从巴比伦的散居地来到耶路撒冷的基本历史背景。他们被遣往耶路撒冷，很可能是为了贯彻波斯帝国的西部边疆战略，使巴勒斯坦成为波斯抗击希腊和埃及的有力前沿阵地。《以斯拉记》7 章 11 至 26 节和《尼希米记》2 章 1 至 8 节特别强调这两人的政治身份，即他们到耶路撒冷是奉波斯王亚达薛西亲颁的诏令。其中，以斯拉于亚达薛西一世第七年（即公元前 458 年）以"精通律法的文士"身份被遣往耶路撒冷，其使命是以"摩西的律法书"去整顿、安定回归的犹大群体。尼希米于亚达薛西一世第二十年（即公元前 445 年）以省长身份被遣往耶路撒冷，修建城墙、营楼，以加强该城在本地区的防卫能力，首要使命也是政治—军事性的。

从巴勒斯坦内部来说，尼希米与以斯拉也面临着多重的宗教、社会与族群冲突。第一，这种族际冲突乃存在于回归群体与北部撒玛利亚的以色列人之间。从南国犹大人看来，自从以色列陷于亚述之手后，北部以色列人就与外邦混居，与异族通婚，已经败坏了。但是，在北部撒玛利亚人自己看来，他们仍然继承着摩西以来的希伯来宗教传统，而且在示剑的基利心山上建有一座耶和华的殿。因此,当回归的犹太人要在耶路撒冷重修圣殿时,他们也希望参加进来。但是,南部的回归群体拒斥了他们的请求。于是,他们就联合巴勒斯坦的其他族群,转而干扰耶路撒冷的重修圣殿的活动。第二,回归群体与邻近小国以东之间也交恶不断。以东曾经在耶路撒冷陷落时趁机占领犹大的部分领土,犹大人的回归自然使他们之间的关系变得恶化。第三,在宗教事务上,回归群体中存在"祭司"与"利未人"之间的冲突。早在所罗门时期,在争夺圣殿的宗教领导权的斗争中,撒督世系的祭司胜出,成为圣殿大祭司。而散居于以色列全境、为当地圣所服务的人,即称为"利未人"。约西亚的宗教改革实行在耶路撒冷的集中崇拜,利未人的处境恶化。巴比伦攻陷耶路撒冷时,把圣殿祭司(即"撒督世系的祭司")掳往巴比伦,而一些社会地位低下的祭司(即利未人)则留在巴勒斯坦,他们继续为留居在巴勒斯坦的以色列人的耶和华崇拜服务。当以色列人开始回归耶路撒冷时,回归的祭司多数属于撒督世系的祭司。他们意图重新控制耶路撒冷的圣殿崇拜和宗教事务,并似乎取得了圣殿崇拜的领导权。但是,犹大境内的利未人并不愿意承认自己低于撒督世系的祭司,始终强调自己在宗教事务中的平等地位。所以,在《以斯拉记》和《尼希米记》中,"祭司与利未人"经常并列出现,就是在这两个教职阶层之间保持平衡。

总之,回归群体远非铁板一块、和谐乐观的群体,勿宁说,它是一个内外交困、问题丛生的群体。从外来说,它受制于波斯帝国,并受到邻近族群的排挤与压制;从内来说,它的内部分化严重,不同群体有着不同的利益诉求,贫困、不满乃至宗教冷淡都威胁着回归群体的复兴。内外交困之下,回归群体面临着分裂甚至瓦解的威胁。只有在此背景之下,我们才能充分理解尼希米与以斯拉的"社会—宗教"改革的意义。

◎ 五 以斯拉的宗教改革

尼希米与以斯拉两人共同领导回归群体的重建,但真正对回归群体产生巨大作用,并对后来的犹太—基督教传统产生深远影响的还是以斯拉。圣经对以斯拉和尼希米两人活动的结构性安排就体现了这一点。以斯拉与尼希米的活动本无交集,以斯拉的活动似乎在《以斯拉记》中也已经结束。但是,为了彰显以斯拉及其律法书对于回归群体的核心意义,圣经编者特意将以斯拉的"诵读律法",安排在尼希米将耶路撒冷城墙修建完毕之后,即《尼希米记》8 章。这样,《以斯拉记》和《尼希米记》的叙事似乎形成一种"内括式",即"以斯拉带来律法—尼希米修建城墙—以斯拉诵读律法",突显了以斯拉、律法对于以耶路撒冷为中心的圣殿公民社团的关键意义。

以斯拉在回归群体面前诵读律法书,即《尼希米记》8 与 9 章,其叙事带有模式化的隐喻。例如,在公众面前诵读经书,并以群体立约作为礼仪场景,在圣经叙事中都属于重要的历史时刻,其诵读者也是如士师或君王一类的领袖人物。此外,按《尼希米记》的叙事顺序,以斯拉诵读律法之后,似乎就带领回归群体参加了一个公开的"历史叙述"活动,将亚伯拉罕至流放巴比伦的历史进行重述。这也是圣经叙事的一个固定模式,即在历史的重要转折关头,都要重述耶和华在以色列人历史中的作为,例如《约书亚记》24 章、《撒母耳记上》12 章、《列王纪上》8 章等。这样的叙事模式表明,以斯拉在耶路撒冷城墙修建完毕礼上的诵经,标志着犹大人的历史进入一个新阶段,而以斯拉则是引领人们进入这个新阶段,并塑造其基本结构的新型领袖。

以斯拉重整回归群体的宗教策略核心是"律法书"。整部《以斯拉记》和《尼希米记》的叙事高潮,就是《尼希米记》7 章 72 节至 10 章 40 节中以圣约更新为背景的律法诵读。在这个圣约更新仪式中,"律法书"是一切活动围绕的核心。以斯拉作为主持仪式活动的首领,其关键身份是一个"通晓律法书的人"。在圣约仪式上奉礼的利未人,其主要任务是为人们讲解律法。

通常认为,以斯拉所宣读的"律法书",应当就是成型的"摩西五经",它标志着犹太教作为一种"圣书"宗教的成型。之所以判定它就是"摩西五经",理由有这么几点:一、从篇幅来说,以斯拉所持的律法书比约书亚的律法书、约西亚的申命记法典都要长很多。按《尼希米记》8 章,以斯拉花了七天时间才读完这部"律法书"。此等篇幅只有五经可比。二、从《尼希米记》人们的言行来看,以斯拉所诵读之律法书既有 D 典亦有 P 典的内容。三、按《尼希米记》10 章 31 至 40 节,以色列会众所接受的几种定例,广泛地来自于五经中的各个传统,这表明五经传统中的律法已经融合在一起,成为回归群体的规范。

"律法书"对于回归社群的意义,远远超出了西亚文化的"正典"或希腊文化的"经典"一词的原初意义。对前者而言,正典如同木匠的标尺或度码一样，是其他文本的标准。对后者而言，经典意味着最优秀的水平。"摩西五经"不仅是犹太群体的信仰与行为的基本准则，而且本身是神圣的。它向世界文明贡献了"神启圣典"的概念，对应着神学上"启示"的概念。它的神圣性使得以色列人将全部摩西五经直接追溯到西奈启示，即五经乃由上帝在西奈山交给摩西的。这也是以斯拉对于希伯来宗教的最大贡献，五经的成型标志着制度化的犹太教开始出现。在此意义上，以斯拉也常被称为"犹太教的设计师"。

经过尼希米—以斯拉的改革之后，回归群体作为信仰—族群意义的"圣殿公民"社团真正地建立起来。简要来说，它有如下基本特征：一、圣殿与律法是这一群体的基础。回归群体并无独立的政治国家，它围绕着圣殿建立以信仰和血缘为纽带的社团。圣殿既是灵性和崇拜中心，也是经济和政治管治中心。同时，传统的崇拜、习俗和法律集合性地书写下来，被整体性地称为"律法书"，构成族群的权威文本，读经与解经成为人们的生活准则的来源。与通常意义的社团不同，它不是依靠政治性的国家、王法，却是依靠共同的崇拜、信仰和生活方式而建立起来的。简言之，与律法融合在一起的宗教而非政治，才是这一群体的基础与灵魂。二、祭司、律法文士超越政治首领（如省长），成为这一社群的领袖。不管是由于处于波斯王治理之下，不能容忍本土政治领袖出现的现实，还是由于圣殿和崇拜在社群生活中的核心地位，它们都导致主持祭礼的祭司、解释律法的文士，超越于政治首领之上，成为回归群体的实际领袖。三、因"圣洁子民"的延伸而导致的信仰与族群排他主义。回归群体进一步发展了申典神学中的排他主义因素,如果说尼希米的城墙将犹大人与外邦人隔开,那么,在更深的意义上,以斯拉以"律法书"在上帝子民与外邦人之间建起一道"灵性之墙"。经过以斯拉与尼希米的改革之后,回归群体确确实实地成为"一群隔离在圣城之内的圣洁子民"。

◇ 思考题

1. 试述以色列人在巴比伦流放之地的生活处境,你认为他们在宗教上面临的关键问题有哪些?

2. 《以西结书》如何回应流放群体的神学关切? 他有何特别的神学思想?

3. 什么是 P 传统? 在古代以色列宗教发展史上,其意义何在?

4. 通过对《以斯拉记》和《尼希米记》的文本考察,结合你对公元前 6 至 5 世纪的地中海世界的了解,请说说你对尼希米与以斯拉的使命的理解,以及他们之间是一种什么关系。

5. 回归群体面临哪些内外交困? 试从这些背景分析尼希米——以斯拉改革的意义所在。

6. 以斯拉的宗教改革有哪些内容? 它对后世的犹太——基督教传统有何影响?

📖 进深阅读

1. Ackroyd, Peter, *Exile and Restoration: A Study of Hebrew Thought of the Sixth Century B. C.* (London: SCM, 1968)

2. Blenkinsopp, Joseph, "The Mission of Udjahorresnet and Those of Ezra and Nehemiah", *Journal of Biblical Literature* 106 (1987), 409 - 421

3. Collins, John, *Introduction to the Hebrew Bible* (Minneapolis: Fortress, 2004)

4. Kaufmann, Yehezkel, *The Religion of Israel, from Its Beginnings to the Babylonian Exile*, trans. by Moshe Greenberg (New York: Schocken, 1972)

5. Levenson, Jon, "The Old Testament, the Hebrew Bible and Historical Criticism", *The Future of Biblical Studies: The Hebrew Scriptures*, ed. by R. E. Freidman & H. G. M. Williamson (Atlanta: Scholars, 1987)

6. Miller，J. & John Hayes，*A History of Ancient Israel and Judah* （Louisville：Westminster John Knox Press，1986）

7. Min，Kyung-jin，*The Levitical Authorship of Ezra-Nehemiah*（London：T & T Clark，2004）

8. Porten，Bezalel & Joel Farber，*The Elephantine Papyri in English：Three Millennia of Cross-Cultural Continuity and Change*（Leiden：E. J. Brill，1996）

9. Vaux，Roland de，*Ancient Israel：Its Life and Institutions*（London：Darton，Longman & Todd Ltd，1961）

10. 李炽昌、游斌：《生命言说与社群身份：希伯来圣经五小卷研究》，北京：中国社会科学出版社，2006 年

11. 孟振华：《波斯时期的犹大社会与圣经编纂》，北京：宗教文化出版社，2013 年

第十章
先知与先知书

　　基督教圣经将"先知书"作为一个整体,放在"历史书"(《希伯来圣经》称"前先知书")之后,但这既不意味着先知们生活在历史书中的时代之后,也不意味着先知书的成书时间要晚于历史书。将先知书与其他书卷交叉阅读,才能对它们的意义有所理解。

　　"先知"(נביא)英译为 prophet,他们所说的话(即先知传言)称为 prophecy,源于希腊文 προφήτης,意为"宣告者",指代表神灵的宣讲,是神人之间的中介。希伯来文 נביא 的词根意为"呼召、呼唤",故先知多指具有被上帝呼召的宗教经验的人,即"被呼召的人",与中文译法"先知"一词所强调的"预先知道"有较大区别。有中文译者称其为"神言人",另有译其为"舌人",较为贴切。考虑到约定俗成,本书仍多用"先知"一词。圣经还另有两词称呼先知:先见（ראה，seer）与神人（איש־האלהים，man of God），但其主要出现在较古老的文献中,出现频率不高。[1]

一 古代西亚文化处境下的以色列先知

以色列宗教的"先知"现象,既有其独特一面,亦与一般的古代西亚文化有相近之处。考古发现表明,公元前 18 世纪的马里文书、公元前 7 世纪的亚述文书,都发现与圣经先知较为接近的占卜现象。马里文书表明,先知既可以是男人,也可以是女人。他们被称为"答疑者",或者"灵附者",但另一称谓即"神唤者"（nabû）,则与希伯来文的先知一词 נביא 同根。在亚述文书中,这些人或被称为"灵附者",或被称为"宣讲者"。他们有时在梦中,有时在崇拜场所,受神启而传讲神言。他们所宣讲的内容既关乎宗教,提醒人们不要忽视对神的崇拜,也关乎社会,提醒君王在社会中实行公义。这与圣经中的先知十分接近。

在马里和亚述文化中,这些人都与王室关系密切,在君王身边活动。通常,他们在君王遇到困难时提供帮助,告诉君王不要惧怕。在亚述文体上,他们的宣讲也常被加上"亚比拉的以示塔神如此说"或"这是亚比拉的以示塔神说的",与《希伯来圣经》先知常用的语式,即"耶和华如此说"和"这是耶和华说的"相类似。

---

1 《希伯来圣经》只有"Man of Elohim",却从来没有出现"Man of YHWH"。这也许表明,前者来自于西亚文化,而耶和华崇拜与西亚宗教在理解神人关系上有着本质区别。

同样,亚述文化的巫卜材料也被小心地保存下来,由文士加以抄录,说明古亚述人与以色列人一样,认为神灵的这些启示不只是针对一时一事,而是具有一定的普遍性,应为后人所知。

当然,以色列先知与其西亚邻邦文化之间也存在较大的区别。首先,圣经在"先知传言"与"占卜"之间做出了明确区分。如《申命记》18 章 10 至 11 节说,"你们(指以色列人)中间不可有人使儿女经火,也不可有占卜的、观兆的、用法术的、行邪术的、用迷术的、交鬼的、行巫术的、过阴的。"这里所禁止的可能就是邻邦的巫卜习俗。其次,它们在伦理向度上也有差异,在古代西亚文书中,巫士的传言缺乏道德维度,以技术性的预测为主,更多地只关心某一事件,不关心一种生活方式。最后,从面向的听众来说,西亚的巫卜文书主要服务于王室宫廷,而非针对广大的普通百姓。

◆二 先知的基本含义

先知传言通常由"耶和华如此说"(כה אמר יהוה, thus says YHWH)的格式用语来引入。这是一个"传言人"的格式用语,例如,雅各打发信使去见他哥哥以扫时,就用这一语式,即《创世记》32 章 3 至 5 节中的"雅各这样说",另见《列王纪下》18 章 19 节"亚述大王如此说",都与"耶和华如此说"是一样的,表明先知是代耶和华传言的人。

圣经在叙述某人成为先知时,除了强调他们的"代言人"身份外，还常用"被差遣"（שׁלח，sent）来表明先知与耶和华之间的关系。经典例子见《以赛亚书》6章8节：

> 我又听见主的声音说："我可以差遣谁呢？谁肯为我们去呢？"我说："我在这里，请差遣我！"

这里的对话乃围绕"差遣"一词来进行，也点出了先知的真实身份，即"被上帝差遣的人"。

在《希伯来圣经》中，先知一词有以下基本内涵：一、代耶和华传言，也就是说，耶和华是一个能言的上帝，他通过先知之口宣示他的神圣意志。它不是指一些预先知道某事的人，或预告人们在将来会发生什么事，虽然他们相信耶和华是历史的掌控者，所以也常对历史事件进行预测。二、先知们所传圣言的目的不在于纯粹地讲述未来事件，而是要使听众在当下有所反应。换句话说，先知传言首先针对的不是未来（future），而是当下处境，要求听众现在（now）就做出回应。三、先知所传讲的信息之关键不是具体的历史事件，而是"耶和华的话"，是普遍的历史意义本身。换言之，先知传讲的不是预言，而是伦理学、神学或者说历史哲学。四、先知的"传言人"身份将他与耶和华区别开来，其话语的权威在于耶和华，而不在于他们。先知与耶和华之间类似于仆人与主人之间的关系，先知只是"听候呼召的、随时听命的人"。

但先知毕竟只是普通人，因此，先知书中常见一些先知的个人言论与代神传言相交织的例子。一个经典个案是《阿摩司书》

3 章 9 至 11 节：

> 要在亚实突的宫殿中和埃及地的宫殿里传扬说："你们要聚集在撒玛利亚的山上，就看见城中有何等大的扰乱与欺压的事。"（9 节）
>
> "那些以强暴抢夺财物、积蓄在自己家中的人，不知道行正直的事。"这是耶和华说的。（10 节）
>
> 所以主耶和华如此说："敌人必来围攻这地，使你的势力衰微，抢掠你的家宅。"（11 节）

在这三句话中，说话者的身份是不断变化着的。第 9 节是先知所讲，是他对撒玛利亚的扰乱与欺压之事的谴责。接下来的"这是耶和华说的"与"所以主耶和华如此说"是代神传言，是基于当下人们的道德行为而对将来的预测，即撒玛利亚充满了扰乱与抢夺之事，因此它将来也要被别人抢掠。

神言与先知之人言的交错安排，表明先知书形成的复杂过程。最初，先知代神所传之言只是一些对历史的简洁预言（11节），但在流传中，人们又将先知对某些具体事情的谴责加在这些预言之前（10 节），从而使之成为解释那些预言的原因。换言之，最初那些代神所传的预言只是对于未来的宣告，但是，先知运动又对这些预言进行道德解释。将它们整合在一起，使之融合历史与道德。先知的宣讲普遍具有两重因素：对于未来的预测，以及在对人们过去的所作所为中寻找这些未来事件之所以发生的正当性解释。简言之,即"罪—罚"之间的因果关联。[1]通过这种方式,以色列先知传统使得历史事件具有了道德与神学意义。

附:先知活动年表

年　代	北　国	南　国
公元前 8 世纪	阿摩司(前 750 年) 何西阿(前 745 年)	以赛亚(前 742 – 700 年) 弥迦(前 722 – 701 年)
公元前 7 世纪		西番雅(前 628 – 622 年) 耶利米(前 626 – 586 年) 那鸿(前 612 年) 哈巴谷(前 605 年)
公元前 6 世纪		以西结(前 593 – 573 年) 俄巴底亚(前 520 – 515 年) 第二以赛亚(前 540 年)
第二圣殿时期		哈该(前 520 – 515 年) 撒迦利亚(前 520 – 515 年) 约珥(前 500 – 450 年) 玛拉基(前 500 – 450 年)

1　类似模式,亦可见于《以赛亚书》7:4 – 9;《弥迦书》2:1 – 3;《耶利米书》22:13 – 19,28:15 – 16 等。

三 古典先知及其渊源

"先知"是古代以色列宗教的一个普遍现象，散见于古代以色列宗教的各个阶段。但自公元前 8 世纪开始，出现了一批以先知之名命名的书卷，因此，那些以其人名作为书名的公元前 8 至 6 世纪的先知们，常被人们称为"成文先知"或"古典先知"，而将之前的先知称为"前古典先知"。[1]

对前古典先知的研究，主要依据的是"前先知书"（基督教传统称为"历史书"）中对先知及其活动的叙事材料。一般认为，虽然五经中也有关于先知的叙事，但它们主要是后期人们观念的投射。例如：亚伯拉罕虽然也被称为先知（创 20:7），但那多是 E 传统改编的结果，因为亚伯拉罕并无任何先知的行为，从未以先知传言的方式说话。亚伦在《出埃及记》7 章 1 节中被称为"摩西的先知"，但在此只是借用"先知"一词的传言人之意，亚伦从未以"耶和华如此说"的先知句式说话。米利暗被称为"女先知"，但从她所作所为来看，更像一个祭司而非先知。[2]《申命记》18 章 15 至 19 节与 34 章 10 节将摩西称为"最大的先知"，也是将后期的先知理想投射在古代英雄的身上。

1　另一种分法是以流放时期为界，将他们分为"前流放时期的先知"（preexilic prophecy）与"后流放时期的先知"（postexilic prophecy）。或者以成书与不成书为标志，分为"不成文先知"（illiterate prophets）与"成文先知"（literate prophets），前者指没有以其名为书名的先知，如以利亚、以利沙等；后者就是通常所指的"后先知书"，即以其名为书名的先知。

2　参《出埃及记》15:20；《民数记》12:1－15。

与后期成熟的古典先知相比,前古典先知在宣讲神启时有以下区别:一、他们将所宣讲的话当作是自己所讲,并不是以耶和华的名义宣讲,少有"这是耶和华说的"这样的句式。这种情况在较早的古典先知何西阿那里也有鲜明体现。在他的传言中,没有出现"耶和华如此说"的先知句式。以"第一人称"出现的耶和华上帝,与何西阿先知自称的"第一人称"常常混在一起,如《何西阿书》9 章 16 至 17 节。二、早期先知在"神的灵"感动下常常进入到某种迷狂状态,然后受感说话;而古典先知则多是"耶和华的话临到他",侧重点在于"耶和华的话"。对前古典时期的先知活动进行经典描述的经文是撒母耳时期,先知们在"有鼓瑟的、击鼓的、吹笛的、弹琴的"在场时,受灵感动而说话。[1] 这与《列王纪上》18 章 26 至 28 节所述的巴力先知的行为很相似,都有某种迷狂举动,甚至自残,以先知在迷狂状态中受感说话作为神人沟通的渠道。但进入古典先知时期后,受"神的灵"感动在先知活动中的重要性大大降低。三、前古典先知以异能作为先知话语的权威来源,但古典先知并未表现出特别的超人异能,着重点转移到先知话语如何在历史中应验这一事实上来,突出的是"耶和华的话"而非先知本人的权威。

　　通过对某个可见的象征性异象(symbolic vision)的形象解释来预言历史真实,这是古典先知对前古典时期先知被称为"先见"的一个阐扬。当然也有新的变化,即这些异象的出现还伴随着耶和华与古典先知们的对话。一般先由耶和华发问:"你看见什

1　参《撒母耳记上》10:5-6;10-12;19:20-24。

么?"然后,先知回答说看见的那个异象,但接着的句式就是"耶和华说",以那个异象为出发点来传讲未来要发生的历史真实。[1]可见,在古典先知那里,对异象的"看"让位于对耶和华的话的"说",象征性的异象只是一个引子,真正的核心乃是先知与耶和华的对话。在几位著名先知(如以赛亚、以西结和耶利米)的呼召经历中,一个共同的模式就是:先知首先看见异象,然后听到耶和华的呼召,再然后先知被赋予向以色列人宣讲耶和华的话的使命。[2]它们形象地表示了先知应具备"见"与"听"这两重基本功能。

总之,在古代以色列宗教中,通过见异象而预言未来是一个古老的传统,但是,古典先知转换了它的含义。一、通过将它变为先知呼召的叙事,使先知传讲的"耶和华的话"具有宗教正当性;二、先知所传讲之言乃是针对整个以色列人的。这与前古典时期的先知具有本质的不同。在前古典时期,先知预言主要是针对个别人(尤其是君王)的,它们的形式与内容都受制于具体的历史时空。[3]但是,古典先知的使命更是要向所有百姓,甚至列国列邦,宣告上帝对于历史的未来安排。

◉ 四 先知的社会处境

将先知及其活动放在古代以色列社会处境中,自然会产生这

---

1 参《阿摩司书》7:8,8:2;《耶利米书》1:11,13;24:3;《撒迦利亚书》4:2等。
2 参《以赛亚书》6章;《以西结》1—3章;《耶利米书》1章。
3 具体例子可参撒母耳先知膏选扫罗,见《撒母耳记上》10:1;拿单先知对大卫的神谕,见《撒母耳记下》9:1,以及其他的君王叙事,如《列王纪上》11:31;《列王纪下》9:1。

些疑问:这些先知是谁? 他们与以色列社会的其他制度(如王权、祭祀群体)是什么关系? 他们的言论是如何产生的? 又是如何被人接受的? 从先知们的口头传言到"先知书"的编修之间经历了怎样的过程?

1. 先知与王权的关系

关于先知与王权的关系,有两点是确定的:一、先知在以色列社会中扮演重要角色,与王权关系密切,几乎每一个君王的身边都有一个或一些先知;二、正典的圣经传统倾向于把先知放在君王的对立面,即站在耶和华信仰的立场上批判君王的作为。

但事实上,先知与君王之间的关系十分复杂。先知属于以色列统治集团的一份子,在一些重大事情上,君王经常咨询先知。[1]先知的主要活动之一是对战事进行预测,或者在战争中以预言来鼓舞士气,或者如同古代圣战一样,祈求以色列人的神耶和华加入到战争中使他们获胜。[2]先知与王权的另一个密切合作领域是:有一部分先知属于在圣殿中服务于崇拜的一个特殊群体,即所谓的"崇拜先知"。

由于先知与君王之间的紧密关系,人们甚至猜测:先知是一

---

1 例如,大卫在建圣殿之前对拿单的咨询(撒下 7:1 - 7,24:18 - 19);先知迦得告诉大卫进行军事行动(撒上 22:5)。在战前咨询先知们的看法,似乎还成为一个仪式,如《撒母耳记上》28:6,扫罗不从先知那里得到耶和华的指示便不开战,表明战前求问先知以得知耶和华的意图是一个必要步骤。在以利沙先知的故事中,"耶和华的先知"是君王咨询战事的谋士(王下 3:11)。即使在古典先知中,国王希西家在战前也请教先知以赛亚(王下 19:17);西底家王请教先知耶利米(耶 21:1 - 7,37:3 - 10,38:14 - 23)。

2 典型的经文如《阿摩司书》1 章;《耶利米书》49:7 - 22 论以东,23 - 27 章论大马士革等;《以赛亚书》15 - 16 章论摩押;《俄巴底亚书》等。

种制度化的官职。这也导致古典先知常常对君王身边的"先知们"进行谴责。例如：

> 人子(指先知以西结)啊,你要说预言攻击以色列中说预言的先知,对那些本己心发预言的说:"你们当听耶和华的话。"主耶和华如此说:愚顽的先知有祸了! 他们随从自己的心意,却一无所见。以色列啊,你的先知好像荒场中的狐狸,没有上去堵挡破口,也没有为以色列家重修墙垣,使他们当耶和华的日子在阵上站立得住。这些人所见的是虚假,是谎诈的占卜。他们说:"是耶和华说的。"其实耶和华并没有差遣他们,他们倒使人指望那话必然立定。(结 13:2-6)[1]

在耶利米的先知生涯中,也多次与"先知们"发生冲突,他们可能就属于已经融入王朝行政体制中的统治阶层。

2. 先知与崇拜的关系

通常,人们认为先知是一种反制度化、非职业化、纯粹个人的神启现象,他们对于仪式的、外在的、等级的崇拜,采取的是一种反对的态度。确实,先知有某种反制度、反崇拜的倾向,如阿摩司所言:

> 我厌恶你们的节期,也不喜悦你们的严肃会。你们虽然向我

1　另可参《弥迦书》3:5,《耶利米书》2:8,5:31 等。

献燔祭和素祭,我却不悦纳,也不顾你们用肥畜献的平安祭。要使你们歌唱的声音远离我,因为我不听你们弹琴的响声。(摩 5:21 - 23)[1]

他对崇拜的几个必要因素:节期、聚会、祭祀、朝拜、祈祷、赞美等都做出严厉的批评,并要求人们将重心转到"公义、公平、洁净"等内在的伦理要求上来。

先知还对崇拜的代表——祭司进行批判,如何西阿说:

你这祭司必日间跌倒;……祭司越发增多,就越发得罪我,我必使他们的荣耀变为羞辱。他们吃我民的赎罪祭,满心愿意我民犯罪。将来民如何,祭司也必如何。我必因他们所行的惩罚他们,照他们所作的报应他们。(何 4:5 - 10)[2]

古典先知们还对制度化的"崇拜先知"进行批判。例如,耶利米与以西结都曾对"先知们"进行批判。[3]在《耶利米记》26 章,"先知们"就与祭司一起想要处死耶利米。它四次将"祭司与先知"相提并论,这些先知们与"耶和华殿中的器皿"(即崇拜礼器)密切相关,[4] 显然就是在圣殿里的宗教职业者。这说明,先知并非与祭司群体完全对立,与崇拜毫无关系。恰恰相反,在耶路撒冷的圣殿里,存在着一群与祭司非常类似的、与以色列人的崇拜生活密切

1　另可参《以赛亚书》1:12 - 15。
2　另可参《以西结书》22:26。
3　参《耶利米书》18:18;《以西结书》22:25 - 28。
4　参《耶利米记》27:16 - 22,28:1 - 4。

相关的崇拜先知。

因此,关于先知与崇拜之间的关系,要注意几点:一、先知不是一种纯粹的个人活动,而是有一个制度化的社会背景,否则,古典先知们的所言所行不可能被以色列人所接受,更不可能产生相当的影响。二、那些与崇拜密切相关的先知群体,在正典圣经中的形象是简单的、负面的、消极的,但实际情况要比这复杂得多。三、古典先知(如耶利米、以西结等)的所言所行,与制度化的先知之间既有张力,也有较多的相通之处。

通过对圣经描述先知时所采用的文体与语言,我们可以简要概括先知在古代以色列崇拜生活中所起的作用:一、他们是人们向耶和华祈求时的中介者。他们将人们的祈求带到耶和华面前;反过来,他们又将耶和华的意旨传达给祈求者,告诉人们他们的祈求是否为耶和华所接受。二、在一些重大节日(如圣约更新仪式)上,先知在崇拜中扮演着圣约宣告者的角色。先知文学具有浓厚的仪式色彩,如《以赛亚书》38 章、《约拿书》2 章、《哈巴谷书》3 章、《耶利米书》11 至 20 章的哀歌等。而源于崇拜仪式场景的《诗篇》,又可以看到许多先知文学的诗歌,如《诗篇》60 章 6 节的"神说",就是以先知神谕格式为导引,50 章 5 节、81 章 6 节、91 章 14 节、95 章 8 节也与此类似。先知文学与崇拜文学之间的密切关联,表明先知们在崇拜中的重要角色。三、在先知们对理想形态的信仰生活的设想中,崇拜有着很重要的地位。[1]对先知们来说,一个没有制度化的崇拜、没有圣所的理想世界是不可想象的。

---

1 参《以赛亚书》2:1-4;《耶利米书》31:23。

一般来说,古典先知们强调以色列信仰的灵性和伦理维度,如阿摩司、弥迦与以赛亚之论公义;何西阿之论慈爱、忠实、顺服;耶利米之论忠诚于圣约等。但是,将先知与祭司、信仰与崇拜、伦理与仪式之间二元对立起来,并不是真实的以色列宗教图景。在现实的社会生活中,先知传言与王权制度、崇拜生活都属于活生生的以色列宗教的一部分,它们之间的内在关联是不可分割的。

五　从先知传言到先知书

　　按目前分类,只有《以赛亚书》、《耶利米书》、《以西结书》和十二小先知书被称为"先知书",其他如撒母耳、拿单、以利亚、以利沙等先知的言行,只是在历史书中夹带叙述,这反映出先知材料的复杂流传过程,即先知传言要经历口传、编辑、诠释、成书、成典等步骤,有些成为独立的书卷,有些则只能散落在其他类型的文献之中。

　　在从先知传言(口头)到先知书(文字)的过程中,需要考虑到一个重要的因素:书写技术或文字的使用。在古代西亚文明中,以色列属于较为晚近的文明。目前,考古学找到的最早的雏形以色列文字约在公元前 12 世纪。在王朝时期,书写仍只是少数人的专利,属于宫廷的史官或者圣殿的祭司。文字或书写在较大范围内流传开来,可能要到公元前 8 世纪前后。直到此时,先知的弟子们才将先知的言行书写下来。也许这才是为什么公元前 8 世纪中期的阿摩司与何西阿的先知传言得以记录下来,从口语写成文字,成为第一批以其人名为其先知文献命名的原因所在。

今天人们通常把一部先知书归为某一先知所写,但真实的情形是,先知书不是某一个人的作品,而是一部文集。因为从先知开始口传圣言,到先知书正式形成,其间一定要经过好几个阶段的传承和编修。这个过程大致可以分为:一、书写阶段,将口传的先知文学写成文字;二、编录阶段,将先知在不同场景所传讲的圣言放进一部书里;三、重组阶段,弟子们对先知之言进行重组;四、对先知之言的二次扩充;五、对先知书的编修。在实际的流传过程中,这几个方面通常也是混合进行的,不容易截然分开。

在一本先知书中,经常可以看到历史背景、体裁与神学截然分别的文本被编辑在一起。例如,《撒迦利亚书》第一部分(即 1 至 8 章),其历史背景是以波斯王大流士上台(约公元前 520 年),以色列人回归,以耶路撒冷为地点所传的圣言;而第二部分(即 9 至 14 章),则以亚兰、亚述、北国以色列为背景,它很可能属于公元前 8 世纪的北部先知所传的圣言。在神学上,第一部分以"夜梦中的异象"为耶和华启示之中介;但第二部分却推翻了梦之作为神启之中介的可能(参 10 章 2 节)。更著名的例子是《以赛亚书》1 至 39 章与 40 至 66 章之间的巨大差异。这些本来由不同先知所传的圣言被辑录、整合为一本先知书,原因可能有两个:一、一些没有归属的先知文献被附加在那些有名的先知书之后;二、它们具有类似的思想倾向,这些后来者或者是前者的直接弟子,或者属于某一个共同的学派或传统。

在书写、传承、编修先知之言的过程中,先知的弟子们有可能进行重组、阐发或重释。例如,《耶利米书》21 章 1 至 7 节与 37 章

3 至 10 节的两个故事，实际上是讲同一事件。后者写成较早，历史可信度较高；前者写成较晚，历史可信度较低。后者的叙事重心是犹大国将来的命运；前者的叙事重心则是解释为何犹大国遭遇这样的命运。后者较忠实地描述一个事件，强调巴比伦人将要做的事；而前者则解释耶和华在该事件中的角色，强调历史中上帝的作为，它不是要准确地讲述一个事件的发生，而是解释这个事件后面的意义。

在先知之言成书的过程中，不仅有对先知话语的重组，也有新的扩充。扩充与重组的区别在于：它直接将后人的阐发或解释插入到先知言论之中，而不是像重组那样，隐蔽地将后人的阐释以先知言论的形式说出来。以《耶利米书》22 章 6 至 9 节为例：

耶和华论到犹大王的家如此说："我看你如基列，如黎巴嫩顶，然而，我必使你变为旷野，为无人居住的城邑。我要预备行毁灭的人，各拿器械攻击你，他们要砍下你佳美的香柏树，扔在火中。许多国的民要经过这城，各人对邻舍说：'耶和华为何向这大城如此行呢？'他们必回答说：'是因离弃了耶和华他们神的约，侍奉敬拜别神。'"

这一段话看上去都是耶利米的言论，但它实际上由两段组成，即 6 至 7 节是耶利米先知所传的原初圣言；8 至 9 节是后人的阐释。首先，它们的文体差异显著。前者是对仗工整的诗体，后者则是散文体，所以严格地说，应该将其排列成：

耶和华论到犹大王的家如此说：

"我看你如基列，

如黎巴嫩顶，

然而，我必使你变为旷野，

为无人居住的城邑。

我要预备行毁灭的人，

各拿器械攻击你，

他们要砍下你佳美的香柏树，

扔在火中。

许多国的民要经过这城，各人对邻舍说：'耶和华为何向这大城如此行呢?'他们必回答说：'是因离弃了耶和华他们神的约，侍奉敬拜别神。'"

前者是希伯来诗体中典型的"悼歌体"，而后者则是常见的散文体。前者以诸如"黎巴嫩顶"、"香柏树"等为它的象征语言，是典型的诗歌写作，而后者则是显白的散文对话。

此外，这两段话的主题也不同。前者所论的是犹大王室，而后者所谓的"大城"则是指耶路撒冷，并引伸为全体犹大人。从文体上看，后者以一问一答的方式来阐释某个神学道理，与《申命记》相似，很可能是申典学派对原始的耶利米先知呼告的阐发和扩充。但在成书的过程中，原始的先知文献与后来的扩充融合在一起，构成一个"预言—解释"模式，即由前者对犹大王室的历史命运进行预测，后者则解释这些历史事件发生的原因。

类似的二次扩充已构成先知书的重要内容，它表明了古代以

色列宗教思想的重要发展，也展示了以色列宗教的思维框架。以
《何西阿书》2 章 16 至 20 节为例：

> 耶和华说：
>
> 那日你必称呼我我夫，
>
> 不再称呼我我主。
>
> 因为我必从我民的口中除掉诸巴力的名号，这名号不再提
> 起。当那日，我必为我的民与田野的走兽和空中的飞鸟，并地上
> 的昆虫立约。又必在国中折断弓刀，止息争战，使他们安然躺卧。
>
> 我必聘你永远归我为妻，
>
> 以仁义、公平、
>
> 慈爱、怜悯聘你归我，
>
> 也以诚实聘你归我，
>
> 你就必认识我耶和华。

这里的 2 章 17 至 18 节是中间插入的二次扩充。首先，在文体上，
它显示出诗体与散文体的区别。如果将散文体部分去掉，语言和
文体会更为连贯。其次，在人称上，在散文体的部分，以色列人被
称呼为"他们"，而在诗体部分则被称为第二人称阴性"你"。最
后，在神学思想上，诗体部分用"夫妻"的隐喻来表示耶和华与以
色列人之间的关系，在散文部分，则明确地以"约"的思想来概括
这种关系。但它们在《何西阿书》中已融合在一起，为人们理解圣
经中的神人关系提供了丰富的思想空间。

先知书的编修还经历了最后一个阶段：整体编修。人们常用

R 来表示最后编修的人，R 既表示 Redactor，也表示 Rabbenu，即希伯来文之"我们的先生"。正是他们按照某种特定的总体结构，先知书才有今天的正典结构。这个总体的神学结构就是："审判—反列国的神谕—安慰与重建"。这一结构既见于《以西结书》：1 至 24 章是"审判"，25 至 32 章是"反列国的神谕"，34 至 48 章是"安慰与重建"；也见于《以赛亚书》：1 至 12 章是审判，13 至 23 章是神谕，28 至 35 章是安慰；还见于《西番雅书》：1 章 2 节至 2 章 3 节是审判，2 章 4 至 15 节是神谕，3 章 11 至 20 节是安慰。以安慰或重建作为整部先知书的结尾，更是大多数先知书的普遍特点，如《何西阿书》14 章 2 至 10 节；《阿摩司书》9 章 11 至 15 节；《弥迦书》7 章 14 至 20 节；《玛拉基书》3 章 13 至 21 节。这样的整体结构说明两点：一、这些先知书是在较晚期统一被编修的；二、这样的编修结构强调了先知的另一基本功能——安慰，它说明先知书最后的整体编修很可能是在流放或后流放时期。

通过对先知话语的传承过程的分析，我们可以得出以下结论：首先，那些传承先知话语的人们不是篡改，而是以编修的方式进行解释。其次，在古代以色列人的宗教理解中，上帝是一个在历史中"活的上帝"，所以，他通过先知所发出的圣言是"活的圣言"，在不同时代会得到新的发展。对先知圣言的编辑和重释，是赋予它们以新意义的积极形式。最后，正典的圣经本身是一个不断发展的经学传统的产物，经与经的解释乃共蕴于文本之中。

六 南部先知传统

　　不存在理想化的"纯粹个人"的先知,先知们总是处身于传统之中。他们所用的象征、术语、对历史的记忆、对未来的盼望、思想的总体结构,都与他们所属的特定传统有着密切关系。不同的先知,总是运用不同传统中所包含的意义系统来发出他们的先知传言。离开这些传统,我们很难理解他们的传言。正如古代以色列的宗教传统可以按南北分成两地,先知传统亦大致可以分为南部先知传统和北部先知传统。其中,以赛亚先知较鲜明地代表了南部传统,而何西阿则代表了北部传统。以下两节分别以他们为代表作一分析,先来看以赛亚的先知传言。

　　南部先知传统的核心是大卫王朝与耶路撒冷(锡安)。在以赛亚先知传言中,他对于历史的理解是以大卫为中心的。例如,他对大卫在毗拉心山的胜利有清楚的记忆(赛 28:21;撒下5:20 - 21);对以法莲(北部)从犹大分裂出去非常痛苦(7:17);而在对未来的盼望中,大卫的统治也是一个核心因素:

　　他必在大卫的宝座上治理他的国,以公平公义使国坚定稳固,从今直到永远。(9:7)

　　必有宝座因慈爱坚立,必有一位诚诚实实坐在其上,在大卫帐幕中施行审判,寻求公平,速行公义。(16:5)

按以赛亚,在亚述王被"伐倒"之后,"从耶西的本(大卫)必发一条",以正直与公义治理世界,并带来宇宙的和平。

与大卫王朝紧密相关的,就是耶路撒冷和圣殿。按以赛亚先知,耶路撒冷是耶和华的居所,由耶和华亲手建立(14:32),耶和华的火在锡安,炉在耶路撒冷(31:9),所以,耶和华将亲自守护耶路撒冷:

> 如此,万军之耶和华也必降临在锡安山冈上争战。雀鸟怎样搧翅覆雏,万军之耶和华也要照样保护耶路撒冷,他必保护拯救,要越门保守。(31:4-5)

以赛亚还将这一信念做了伦理化的处理,他以仪式问答的方式指出:只有那些公义和正直的人才能在耶路撒冷与耶和华同住。

> 问:"我们中间谁能与吞灭的火(指圣殿的圣洁之火)同住?我们中间谁能与永火同住呢?"
> 答:"行事公义,说话正直,憎恶欺压的财利,摆手不受贿赂,塞耳不听流血的话,闭眼不看邪恶事的。"(33:14-15)

总之,南部传统将锡安视为天地之交界、耶和华之永远居所的神话学信念始终贯穿在以赛亚的先知传言之中,是其神学信念的基础。

在以赛亚先知为代表的南部传统中,少有提及出埃及的主题,虽然在他那个时代,出埃及应该广为人知。但对于他来说,上

帝的诫命不是来自西奈,而是出自锡安。正如他说:

> 主必将他的道教训我们,
> 我们也要行他的路。
> 因为训诲必出于锡安;
> 耶和华的言语必出于耶路撒冷。(2:3)

这样的观念乃来自于南部人们朝拜耶路撒冷与圣殿的具体生活处境。在崇拜时,人们聚集到圣殿之上,宣示或聆听耶和华对他们的训诲。在以赛亚所代表的南部传统看来,锡安与耶路撒冷乃成为公义与公平的象征(1:27)。它不仅是人们应遵循的生活方式,即"训诲"的出处,而且是人们得到救赎的根据,即"锡安必因公平得蒙救赎,其中归正的人必因公义得蒙救赎"。

◦七 北部先知传统

以何西阿为代表的北部先知传统,其核心包括出埃及、圣约与律法等主题。在他的传言中,以色列人从雅各先祖、出埃及到扫罗为王的历史被广泛使用。与以赛亚所代表的南部传统以空间上的一座圣城(锡安或耶路撒冷)为出发点来讲述神人关系不同,何西阿的传言是以时间中的以色列历史作为基本出发点。例如:他细致地谈到雅各故事、在埃及为奴、出埃及、耶和华的诫命、旷野流浪的经历、进入迦南、以色列人请求立王等历史事件。

对于王朝的看法,何西阿先知与南部传统很不相同。他批评以色列人在撒母耳时代立王的请求,对君王做出相当消极的价值判断。在他看来,在耶和华之外,以色列人没有别的"救主",没有什么别的"王"能够救以色列人。

在我以外,你不可认识别神;除我以外并没有救主。(13:4)

你曾求我说:"给我立王和首领。"现在你的王在哪里呢? 治理你的在哪里呢? 让他在你所有的城中拯救你吧! 我在怒气中将王赐你,又在烈怒中将王废去。(13:10-11)

所以,虽然何西阿未像《撒母耳记》传统那样发展出一种强烈的"反王朝"倾向,但他却可称得上是第一个站在神学高度来反对王权的先知,并在北部开启了持续几百年的反王朝的神学传统。人们甚至认为,《撒母耳记》中的反王权传统实际上是申典神学编修之后的结果,而申典传统又源于北部,亦即何西阿所开启的传统。

作为北部先知传统的代表,何西阿先知在想像以色列人与耶和华关系的黄金年代,并以之作为未来救赎的历史基础时,运用的思想资源也与南部不同。首先,他以出埃及时的旷野经验作为神学演绎的历史原点。

后来我必劝导她,领她到旷野,对她说安慰的话。她从那里出来,我必赐她葡萄园,又赐她亚割谷作为指望的门。她必在那里应声,与幼年的日子一样,与从埃及地上来的时候相同。耶和华说:"那日你必称呼我'我夫',不再称呼我'我主'。"(2:14-16)

自从你出埃及地以来，我就是耶和华你的神，我必使你再住帐棚，如在大会的日子一样。我已晓谕众先知，并且加增默示，藉先知设立比喻。（12:9－10）

可见，何西阿及其所代表的北部传统在神学上对"旷野"有着丰富的理解：一、它代表耶和华在旷野对他的"约民"的护佑；二、它代表一个由先知带领的理想时代；三、最重要的是，旷野指的是以色列人进入到与耶和华的立约关系中的开始。

　　其次，何西阿还独特地以"婚姻"隐喻，来表达以色列人与耶和华在旷野时期建立的立约关系。这与以赛亚诉诸于南部锡安传统中的圣殿隐喻来进行神学演绎构成了鲜明的对比。

　　以何西阿为代表的北部先知传统，坚持的另一个核心精神是：以色列人与耶和华立有圣约。他将圣约精神高度概括为：认识上帝、对上帝坚贞的爱。它们都是围绕着圣约而展开的，其中，"坚贞"的爱表示的是对上帝与人之间的立约关系的坚守；而"认识神"或者"对神的认识"则指神颁示给以色列人的律令，具体来说，也就是以十诫为核心的西奈诫命。

　　最后，以何西阿为代表的北部先知传统还以批判偶像崇拜作为一个突出主题。在更早的北部先知（如以利亚和以利沙）的事迹中，一个主题就是与巴力崇拜的斗争。这一传统被何西阿所继承，他激烈地批判人们以偶像崇拜的方式来敬拜耶和华，或者转向对异教巴力神的敬拜。他将耶和华与以色列人之间的圣约理解为一种排他性的关系。

　　总之，先知们的风格、思想倾向、隐喻体系，与他们所处的大传统有着密切关系。当然，无论南部与北部之间的差异是多么明显，它们仍然属于同一个以色列宗教的不同侧面，而不是两条互不相干、截然对立的传统。它们拥有类似的思想、历史、象征资源，在发展过程中又相互影响、相互借鉴。它们之间的相摩相荡，是古代以色列宗教发展的内在动力。

◇ 思考题

1. 试述"先知"的基本内涵,并比较圣经先知与其他古代西亚或古代文明的先知现象之间的异同。

2. 试述"古典先知"概念的含义,"前古典先知"与"古典先知"之间有何联系和区别?

3. 试把先知放在他们的社会处境中,分析他们与王权、崇拜之间的关系。

4. 试述先知书从口头到书面的形成过程,认识到这一过程对圣经研究有何意义?

5. 请分别描述南部和北部先知传统的基本特点,并以一个先知为例进行说明。

📖 进深阅读

1. Blenkinsopp, Joseph, *A History of Prophecy in Israel* (Philadelphia: Westminster, 1983)

2. Buber, Martin, *The Prophetic Faith* (New York: Macmillan-Harper Torchbooks, 1969)

3. Christensen, D. L., *Transformations of the War Oracle in Old Testament Prophecy* (Missoula, MT: Scholars Press, 1975)

4. Clements, R. E., *Old Testament Prophecy: from Oracles to Canon* (Louisville, Ky.: WJK, 1996)

5. Niditch, S., *The Symbolic Vision in Biblical Tradition* (Chico, CA: Scholars Press, 1980)

6. Rofé, Alexander, *Introduction to The Prophetic Literature* (Sheffield: Sheffield Academic Press, 1997)

7. Sawyer, John F., *Prophecy and the Prophets of the Old Testament* (Oxford: Oxford University Press, 1987)

8. Smith，Mark S.，*The Early History of God：Yahweh and the Other Deities in Ancient Israel*，2nd ed.（Grand Rapids：Eerdmans，2002）

9. 游斌:《先知精神与摩西宗教:希伯来宗教的轴心突破之路》,载《道风:基督教文化评论》26(2007),第 179 - 201 页。

第十一章
智慧文学

　　《希伯来圣经》的主体部分(即五经、历史书、先知书)都是以耶和华的救恩史作为基本主题,其神学建立在两个具象化的支点(即西奈与锡安)之上。它的基本概念包括圣约与圣殿、诫命与崇拜、摩西与大卫等。但是,在智慧文学单元中,这些概念几乎缺失。本章将对智慧文学的主题、内容、来源及其意义等作一分析。

一 "智慧"的概念

　　智慧文学中的"智慧"二字,并不是泛泛意义上的智慧,它指的是启示或历史传统之外的理性主义传统。《箴言》、《约伯记》和

《传道书》是智慧文学的主要代表，但其他文本亦受其影响，如《诗篇》中的"智慧诗篇"等。

"智慧"一词来自于希伯来文 חכם，其词根的含义十分广泛。它表示某种技术性的能力，常译为"智能"，如建造会幕时的那些能工巧匠被称为"心里有智能的人"；那些能释梦的人也被称为 החכמים，是指知识渊博的人。在实践伦理的意义上，智慧或聪明表示一个人对于恰当的社会规范的了解和掌握。那些知道如何处理与他人、朋友、父母、君王关系的人，被称为"智能人"。日常生活的规则也是智慧的一部分，例如知道在何时说话、何时沉默的人，被称为"聪明人"。诚实、良善与戒贪都被视为聪明智慧。在此意义上，智慧乃表明某人能够按照公义的基本法则行事，因此在《箴言》的平行诗体中，"智慧"与"公义"常构成对仗词语。

智慧表示人们对于自然与社会的主观理解与掌握，与它相对应的乃是自然与社会的规律与法则，因此，圣经亦将智慧客观化，乃至成为上帝创造的工具或助手，如《箴言》3 章 19 至 20 节所言：

> 耶和华以智慧立地，以聪明定天；
> 以知识使深渊裂开，使天空滴下甘露。

这时智慧成为某种客体性的、在万物之先即已存在的力量或实体，《箴言》8 章 22 至 31 节说道：

> 在耶和华造化的起头，在太初创造万物之先，就有了我。
> ……

那时,我在他那里为工师,日日为他所喜爱,常常在他面前踊跃,踊跃在他为人预备可住之地,也喜悦住在世人之间。

古代以色列人对智慧的理解,与希腊哲学对逻各斯、中国文化对道的理解有相似之处,都涵盖了人的理智能力、实践伦理、主观真理、客观规律等几个方面。

与这样的智慧概念相对应,智慧文学关注两方面的问题。第一,教导性的处世之道。它属于生活教诲一类,关乎日常生活应该注意的东西、如何待人接物的一般性教导、老一辈人对于生活经验的总结等,如《箴言》3 章 27 至 31 节说:

你手若有行善的力量,不可推辞,就当向那应得的人施行。

你那里若有现成的,不可对邻舍说:去吧!明天再来,我必给你。

你的邻舍既在你附近安居,你不可设计害他。

人未曾加害与你,不可无故与他相争。

不可嫉妒强暴的人,也不可选择他所行的路。

第二,反思性的意义质疑。对于信仰、人生意义,甚至智慧本身进行反思,它通常设置在某一特殊的人生场景,如垂暮之年、遭受苦难等非常处境之中,因此常带着怀疑的语气。如约伯在苦难中对生命乃至上帝自身发出的感慨:

人算什么,你竟看他为大,将他放在心上? 每早鉴察他,时刻试验他。

你到何时才转眼不看我,才任凭我咽下唾沫呢?

鉴察人的主啊,我若有罪,于你何妨? 为何以我当你的箭靶子,使我厌弃自己的性命?

为何不赦免我的过犯,除掉我的罪孽?(伯 7:17 - 21)

再如传道者对智慧文学所建立的一个基本原则——善恶报应的反思与感叹:

凡临到众人的事都是一样:义人和恶人都遭遇一样的事;好人、洁净人和不洁净人、献祭的与不献祭的,也是一样。好人如何,罪人也如何;起誓的如何,怕起誓的也如何。在日光之下所行的一切事上,有一件祸患,就是众人所遭遇的都是一样,并且世人的心充满了恶。活着的时候心里狂妄,后来就归死人那里去了。(传 9:2 - 3)

对上述两个方面问题的关注,说明智慧文学对于自身性质的理解。《传道书》用两个形象来说明智慧之于人生的作用,即"钉稳的钉子"和"刺棍"(12:11)。"钉稳的钉子"是指人的思想有所倚靠,有着稳固的基础,说明智慧文学使人对于生命、道德有着稳固的了解,不至于摇摆不定、无所适从;"刺棍"是游牧社会所常用的驱赶牲畜的工具,当牲畜懒惰时,牧者即用刺棍使其前行,以示智慧文学刺激听者通过反问和质疑,以更勇敢、更积极的态度去面对生命。前者强调智慧文学的教导和实践意义,后者强调其反思与批判能力。

可见,智慧文学形成了与历史和启示传统大相径庭的主题。它不讨论以色列的历史,没有以色列人与耶和华立约的观念。在一些智慧经卷(如《传道书》和《约伯记》)中,甚至神的名字也多用אלהים或אלה(上帝,God),而非以色列人的独有称呼"耶和华"(יהוה)。常见的神学术语如拣选、耶和华的日子、圣约与律法、祭司与圣殿、先知传言、崇拜仪式等都不见了,取而代之的是义人与恶人的命运、人生的意义、与人相处交往的方式、人生的苦难、自然的奥妙等主题,倾向于从更普遍的角度来谈论世界和人生。

二 智慧文学的文体

在先知传统中,真理是上帝通过先知启示给人的。人的责任在于践行上帝启示的西奈律法,或到上帝所选择居住的锡安圣所进行祷告。但对智慧文学来说,真理来源于经验或观察。因此,在圣经中,智慧文学形成了自己的独特文体。例如,《箴言》24 章30 至 32 节说:

> 我经过懒惰人的田地、无知人的葡萄园,
> 荆棘长满了地皮,刺草遮盖了田面,石墙也坍塌了。
> 我看见就留心思想,我看着就领了训诲。

它是基于经验的反思和总结,可以通过父亲向儿子的传授或者智者向弟子的讲授而代代相传。它们的真理性不是通过诉诸于上

帝的权威,而是要求聆听者通过自己的观察来体悟和印证。

　　智慧文学另一常见的文体是类比,即在不同的现象之间寻找共同性,来确定某一普遍的法则。它常在自然与人生这两个层面进行类比,最后将重点落在人生的规劝上。例如《箴言》:

> 空夸赠送礼物的,好像无雨的风云。(25:14)
>
> 人不制伏自己的心,好像毁坏的城邑,没有墙垣。(25:28)
>
> 愚昧人行愚妄事,行了又行,就如狗转过来吃他所吐的。(26:11)

或者找出两个事物之间的因果关系,以后果来劝诫人们的行为,如:

> 挖陷坑的,自己必掉在其中;滚石头的,石头必反滚在他身上。(26:27)

智慧文学还以质疑、反思和提问的方式来推进智慧的探讨。这尤其体现在《约伯记》和《传道书》中,如《传道书》对智慧本身的反问:

> 智慧人的眼在头上看;愚顽人在黑暗里走;我却深知这两种人都必遇见同一样的遭遇。于是我心里说:"愚顽人所遭遇的,我也会遭遇着,我为什么要有智慧呢? 那我有什么长处呢?"我就心里说:这也是虚空。智慧人同愚顽人一样,永远无人怀念着;因为

在将来的日子二者都会被忘掉;唉,智慧人死亡,终究同愚顽人一样。(传2:14-16,参吕振中译本)

在死亡面前,智慧人与愚顽人并无不同,那么智慧本身似乎也没有什么意义。它深刻地表明智慧文学以反思作为探讨问题的基本方式,甚至不惜推翻自己的基本原则。

总之,与先知传统的"神→人"启示的方向相反,智慧文学采取的是"人→神"反思的方向。主角从神变成了人,在智慧文学中,上帝往往缺席。即使为耶和华设置了一个角色,这个角色也从启示传统中的第三人称变成了第二人称,他不是启示的权威,而是与人交谈的伙伴,是人发问的对象,甚至能够接受人的辩论和挑战。在人对自身存在和周围环境提出疑问、思考和解答的过程中,上帝的存在退入到背景之中,成为一个隐隐约约的模糊形象。在智慧文学发展的晚期,理性的开放和批判精神进一步表现出来,它反对某种绝对的、永恒的真理的存在,主张真理必须接受新的生活经验的检验,哪怕得出虚无主义的结论。

与智慧文学的主旨相一致,它采用的文体也很有特色。最常见的是箴言或者谚语,其他则包括格言、比喻、谜语、隐喻、教导等。它们的特征包括:其语气是断定式的,其论说的道理似乎是自明的;常用悖论来表达,以突出其结论;语言简短;常用对比或类比;易于记忆或流传等。平行体是它们的基本文学结构。常被称为智慧文学古老内容的《箴言》10至31章,就以平行体诗句为主,如10章5节:

夏天收聚的,是明智的人;

收割时还沉睡的,是贻羞的人。

有的平行体有助于诗人将两件事类比,强调它们的共同之处,这称为同义平行体,如《箴言》22 章 1 节;有的则有助于他将两件事对立,突出它们的不同,这称为反义平行体,如《箴言》10 章 1 节;有的有助于他在描述某一现象之后,在第二行对其做出总结,这称为上行平行体,如《箴言》4 章 18 节。它还利用希伯来文自身的特点,来制造语词上的美感,使其流畅上口,易于传播。如《传道书》7 章 1 节:

好名誉强于好膏油;死的日子胜过生的日子。

智慧文学的另一种文体是劝诫文体,主要见于《箴言》1 至 9 章与 22 至 24 章,亦见于《便西拉智训》。它有时用鼓励,有时用劝诫,进行劝说,并且经常以"因为"、"恐怕"或"以免"为连词,给出为何这样做的理由。例如《箴言》22 章 22 至 25 节:

贫穷人,你不可因他贫穷就抢夺他的物,也不可在城门口欺压困苦人。因耶和华必为他辨屈,……暴怒的人,不可与他来往,恐怕你效法他的行为,自己就陷在网罗里。

智慧文学有较强的诗体特征,一些《诗篇》也许最早就出于智慧文学。希伯来诗歌的某些显著特征亦见于智慧文学作品之中,例如《箴言》31 章 10 至 31 节就是一首贯顶体诗歌，22 句诗歌正好由希伯来文 22 个字母连贯开头。

三 智慧文学的社会处境

智慧文学与历史和启示传统差异巨大，它是《希伯来圣经》的一个特殊单元，因此，有必要提出这些问题：它们的社会文化处境是什么？这些《箴言》是为谁所写？它们的文化源头在哪里？又是如何被编进圣经中的呢？

智慧文学是西亚文化的一个普遍现象。古代埃及有非常丰富的智训传统，既有宗教内容，认为人的道德行为乃为取悦诸神；也有世俗内容，如父亲告诫儿子如何恰当合宜地与人相处，在社会中履行自己的职责，远离那些自大、淫乱和贪婪行为等。它们在形式与内容上都与圣经《箴言》相似。同时，两河流域也有丰富的箴言传统，如公元前二千年的《苏鲁帕克（Shuruppak）智训》就是国王对他儿子进行训导的集子，与《箴言》类似，"我儿"也是其训词的起首语。公元前 1500 至 1000 年的《智慧忠告》也是一个处世箴言的文集。尤其是公元前 700 年亚述王西拿基立（Sennacherib）的一个臣子编的《阿希卡（Ahiqar）论语》，就是一个融箴言、谜语、寓言、仪规于一体的文集，其中的某些片断与《箴言》可谓重合。

古代以色列人有机会接触到西亚文化的这些智训传统，例如，《列王纪上》4 章 30 至 31 节就将所罗门王与埃及、西亚的智士相比,说"所罗门的智能超过东方人和埃及人的一切智能。他的智能胜过万人,胜过以斯拉人以探并玛曷的儿子希幔、甲各、达大的智能,他的名声传扬在四围的列国"。《但以理书》1章也讲到尼布甲尼撒对智士的训练。《箴言》自身也印证了它对异文化的借鉴,如《箴言》30章引用"雅基的儿子亚古珥的言语"、31章引用"利慕伊勒王的言语,是他母亲教训他的真言"等,就是对外文化的箴言、谚语的收集。

认为《希伯来圣经》从西亚文化借鉴智慧传统,并不等于说以色列人就没有自己原生的智慧传统。而且,即便圣经的智慧文学具有异文化背景,但以色列人在接纳它们时,也进行了改编与重组,对它们进行"以色列化"。在古老的历史和先知传统中,就有智慧文学的因素。例如,在士师时期,约坦举过"众树立王"的比喻(士9:8-15)、参孙(士14:14)的谜语,说明智慧传统在古代以色列很早就存在。进入王朝时代后,大卫和王子押沙龙身边有"出主意的谋士",如《撒母耳记下》16章23节:"那时,亚希多弗所出的主意,好像人问神的话一样,他昔日给大卫,今日给押沙龙所出的主意,都是这样。"在大卫王朝内乱时,一些"有聪明的妇人"在争斗双方之间回旋。[1]以赛亚和耶利米等先知也对"智能人"和"智慧"进行强烈批判,说明当时的智慧传统已经形成了一定的影响,以至于先知们不能对其置之不理。[2]

从社会学的角度来说,希伯来精神文化的三种型态:祭祀、圣约和智慧,对应着三类社会群体:祭司、先知与智者。祭司按照律

---

1 参《撒母耳记下》14:1-21,20:14-22。
2 参《以赛亚书》29:14;《耶利米书》8:9。

法和祭祀规制,在圣殿帮助以色列人通过崇拜、祭祀和祷告与上帝和好;先知则将自己理解为"上帝的传言人",他们列席在"神的会"中,针对不同历史社会情形传讲"耶和华的话";而智者则根据他们对生活和自然的细致观察,总结箴言警句,为以色列人的生活实践提供指南。

《箴言》中不断出现"我儿"、"父亲教训我说"、"他母亲教训他的真言"等语式,表明它们最早起源于家庭教育,或者来源于家族支派的教育。在古代世界,多数家庭不可能进行家庭教育,因此智慧文学最可能起源于上层。在埃及,智慧文集就是用于王室的教育。而《箴言》与《传道书》中都有与王者的权责相关的主题,如王的智谋与国民的福祉:"无智谋,民就败落"(箴 11:14);王的审判职权:"王的嘴中有神语,审判之时,他的口必不差错"(16:10);王的饮食举止:"君王喝酒不相宜;王子说,浓酒在那里也不相宜"(31:4);王要以仁义和诚实治理国家:"王因仁慈和诚实,得以保全他的国位,也因仁慈立稳"(20:28)。

《箴言》一书包含的主题既有城市生活,也有乡村习俗,尤其与富足的种植农业相关;既有以色列社会的,也有外族异邦的。反映出编作者来自较好的社会经济背景,游历广泛。总之,智慧文学的编作者应该属于一个成员广泛的智者群体,其中不少应该是社会中上层。

传统上将所罗门视为"智慧文学"的作者,[1]因为《箴言》和《传道书》都内证所罗门是它们的作者。按《列王纪上》4 章 29 至 34

---

[1] 犹太教也依据《箴言》25:1"以下也是所罗门的箴言,是犹大王希西家的人所誊录的",将希西家称为《箴言》的作者。

节，所罗门乃智能之王的代表。据说他"作箴言三千句，诗歌一千零五首"，其真实的社会背景应该是所罗门按西亚王室的传统，设立一些文人、史家到民间收集谚语、格言、寓言、故事之类，然后收集成册。这些作品虽然标注所罗门为作者，但他最多只发挥"组织、支持、监护"的作用。无论是从内容，还是从文体，所罗门都不可能是所有这些智慧文学的作者，甚至编者都不可能。一般认为，《箴言》10 至 31 章是前流放时期的作品。《传道书》则基本可以肯定是后流放时期的作品，可能完成于公元前 3 世纪。《便西拉智训》则常被定位于公元前 2 世纪上半叶。至于《约伯记》，不可否认，它的主体内容可能形成于前流放时期，但它的最后编修则应在后流放时期。而《所罗门智训》则更晚，应该成于公元前 1 世纪下半叶。

四 智慧文学与《希伯来圣经》其他书卷的关系

在《希伯来圣经》中，智慧文学属于一个特殊的部分，那么，《希伯来圣经》的其他书卷，如五经、历史书及先知书，与智慧文学有关系吗？它们受到智慧传统的何种影响呢？可以说，圣经所有其他单元都在一定程度上受到智慧传统的影响。《诗篇》有专门的"智慧诗篇"单元，留待下章详述。其他部分如律法书、历史书和先知书亦深受其影响。

先来看律法书部分。律法被理解为上帝在西奈山通过摩西向以色列人的启示。但受智慧文学思维的影响，律法亦逐渐被理解为人类社会的基本秩序，是可以"被思想的"，而"秩序"概念正是智慧文学的基本命题。因此，律法本身就可以与智慧、聪明等同起来，如《申命记》4 章 5 至 6 节：

　　我照着耶和华我上帝所吩咐的，将律例、典章教训你们，使你们在所要进去得为业的地上遵行。所以你们要谨守遵行。这就是你们在万民眼前的智慧、聪明。他们听见这一切律例，必说："这大国的人真是有智慧、有聪明。"

　　在"智慧诗篇"中，上帝的律法被视为"沉思默想"的对象，智慧人就是遵行律法之人，表明人们对律法传统的理解受到智慧文学的深刻影响。

　　再来看智慧传统对历史传统的影响。在历史书的叙事中，一些关键时刻都被加入了一些带有明显智慧文学色彩的片段，比如：通常被人们称为"继位叙事"的《撒母耳记下》9 章到《列王纪上》2 章，讲述所罗门如何通过宫廷斗争继承王位的故事，就深显智慧传统的影响。再如连接先祖叙事与出埃及叙事两大历史板块的"约瑟故事"，其世俗性、人本主义的特点、语言特征与前后都区别很大，属于较为独立的单元。它对约瑟在埃及命运转折的叙述也深受智慧文学的影响，与智慧传统的主旨接近。接连上帝创造宇宙与人类历史的"伊甸故事"，其主旨也强调智慧因素对于人类命运的决定性影响。在公元前 1 世纪《便西拉智训》对以色列史的反思中，智慧文学的色彩也颇为明显，如在 44 至 51 章，它对以色列历史做了全面回顾，从以诺、挪亚、亚伯拉罕，一直到当时的大祭司西门,贯穿其中的是对古代以色列人智慧的颂赞,强调在以色列史的开端,智慧就在那里,指出"他们(即以色列古代英雄)的智慧,在列国中传播"(44:15),把以色列史理解为智慧的体现,说明作者将智慧传统与历史传统相融的努力。

最后,智慧文学对于先知书的形成也有深远的影响。首先,先知传言的语式说明,先知们经常通过对自然的、日常的生活现象进行观察和反思,再根据"相关性"来传达神意。经典文本如《阿摩司书》3 章 3 至 8 节,它的前半段是典型的智慧文学风格,是对日常生活经验的总结与反思,但它却用来进行神学比喻,强调耶和华将在历史中实现他的意志。

其次,在晚期先知文学发展为"天启文学"之后,天启传统更加向智慧传统靠近,直到最后两者于《但以理书》合流。《但以理书》1 至 6 章显然属于传统的智慧文学范畴,但以理和他的朋友们的角色是"哲士",是"智能人"的典范,为君王排忧解难、解梦,富于智谋和德性,以"知识、聪明、智慧"来应对生活难题,这些都是以色列智慧传统的经典主题。

从思想史的角度而言,天启文学与智慧传统有很多的内在相似性,包括:一、天启传统相信某种必然性的因素,认为历史只不过是某种预定秩序在时间中的展开,而对"秩序"的信念也正是智慧传统的"自然神学"的核心;二、智慧文学在表达智慧时,常借助于解梦、知天象、懂历法等形象,而这些也正是天启传统中"见异象之人"的基本能力;三、天启传统与智慧传统都以解开宇宙、历史之最终秘密,预知其最终归宿作为目的;四、两者都以创造神学作为基础,并受西亚创世神话的影响,在谈论创造时均大量运用神话语言。

　　总之，智慧文学对于《希伯来圣经》的影响既是全面的，各书卷的用语、文学形式、编修及整体结构都可看到智慧传统的痕迹；又是深入的，在一些深层次的神学主题上，与《希伯来圣经》主流的启示或历史传统是相通的。

⬤ 五 智慧文学的思想主题

　　智慧文学的思想主题较为分散，甚至是前后矛盾。在此，只能简要地将其概述如下。

1. 秩序与创造

　　智慧文学可谓希伯来的理性主义和人文主义传统，对人的观察和思考能力充满自信。与历史和先知传统不同，它认为人间的祸福吉凶不是被超越性力量所左右，而是可归结为人类理性能够发现的道德法则，归结为人自身的道德能力。每一个人都是一个独立的道德主体，需要为自己的道德行为负责。它确信茫茫宇宙中存在一个确定的法则，这个法则是人生幸福的保障，人们运用本己的理性即可掌握这一法则。人们凭借自我的智慧即可掌管自己的生命，实现"智慧"与"生命"的合一。

　　因此，智慧文学有两个基本原则。首先，世界有秩序，它的运行、人的遭遇受这一世界秩序的支配；其次，这个秩序可以通过人的理性观察、总结为人所把握。人生的意义就在于按照这一秩序来实践生活。"智能人"与"愚妄人"的区别就在于能否认识到这一支配生活的世界秩序,"义人"与"恶人"的区别则在于是否按这一世界秩序去实践自己的生活。

"智慧"的具体内容到底是什么? 简言之,就是"善恶因果"法则,或者"德/行—果效"法则,简称"德效法则"。在智慧文学看来,在某人的德行与他所遭遇的命运之间存在着必然的联系,有所行必有所报。《箴言》对人生经验的反思、对日常生活的观察,都是为了印证这一点。

如果人通过对自然的观察与思考即可了解并掌握"智慧"——自然的秩序和法则,那么,智慧与上帝是什么关系呢? 在回答这一问题的过程中,源于对人生和道德意义进行追问的智慧文学,终于到达了创造神学的终点。它认为,智慧参与了上帝对人与自然的创造,它是上帝创造的"工师"或"孩童"。它包含两个紧密相关的内涵:第一,上帝创世时借助智慧而使之成为有序的世界,这是人们可以安身立命的基本出发点;第二,智慧乃存在于万物创造之先,本身即具有本体性的意义。如《箴言》3 章 19 至 20 节:

耶和华以智慧立地,以聪明定天;以知识使深渊裂开,使天空滴下甘露。

在此,所用的间接宾语的介词都用"以",表明智能、聪明、知识都只是工具性的。但在智慧文学著名的创造宣言中,智慧甚至自己（以人称代词"我"）发言，而且被人格化为某个具有自主意志的存在。如《箴言》8 章 22 至 31 节：

> 在耶和华造化的起头，在太初创造万物之先，就有了我。
>
> 从亘古，从太初，未有世界以前，我已被立。……
>
> 那时，我在他那里为工师，日日为他喜爱，常常在他面前踊跃，踊跃在他为人预备可住之地，也喜悦住在世人之间。

智慧被认为是上帝植根于自然之中的法则、人间中的正义，它先于世界存在，是上帝创造的助手，甚至本身也是一个创造者。换言之，智慧就是内在于自然之中的上帝。智慧文学的这一原则在基督教传统中得到更充分的发挥，耶稣就被解释为人格化的"智慧"、"道"。

2. 智慧文学的耶和华化

在起源上，智慧文学的某些经文可能是异文化的，或者是人文世俗主义的。但在被纳入希伯来文化的过程中，却经历了显著的"耶和华化"。例如，《箴言》20 章 8 至 12 节：

> 王坐在审判的位上，以眼目驱散诸恶。
>
> 谁能说"我洁净了我的心，我脱净了我的罪"？
>
> 两样的法码，两样的升斗，都为耶和华所憎恶。
>
> 孩童的动作，是清洁，是正直，都显明他的本性。
>
> 能听的耳，能看的眼，都是耶和华所造的。

在这里,"都为耶和华所憎恶"与"都是耶和华所造的",这两句诗构成了对前面的箴言的解释,它使得那些本来不带神圣意义的箴言,能够成为耶和华崇拜的一部分。

在与埃及智慧文学《阿蒙尼莫普(Amenemope)智训》相近的《箴言》22章17节至24章22节,同样可以看到"耶和华化"的痕迹。例如,"贫穷人,你不可因他贫穷就抢夺他的物,也不可在城门口欺压困苦人",与埃及智慧文学在词句上相同,但它被接着的"因耶和华必为他辨屈,抢夺他的,耶和华必夺取那人的命"加以解释,伦理规范与神学敬拜乃结合在一起。

作为智慧文学的代表作,《箴言》1至9章的文本结构反映了它被耶和华化的特征。

    A. 总论智慧文学的意义(1:1-7)

        * 敬畏耶和华是知识(רעת)的开端(1:7)

      B. 以"我儿"(בני)所引导的劝诫经文(1:8-19)

        C. 由"智慧妇人"呼喊发出的智慧劝言(1:20-33)

      B′. 以"我儿"所引导的劝诫经文(2-7章)

        C′. 智慧妇人呼喊发出的智慧劝言(8章)

    D. 智慧妇人摆筵延请众人的呼喊(9:1-6)

        * 敬畏耶和华是智能(חכמה)的开端(9:10)

    D′. 愚昧妇人摆筵延请众人的呼喊(9:13-18)

其中B与B′、C与C′、D与D′分别构成对称,两句"敬畏耶和华"经文扮演着将全篇整合起来的题眼功用,直接指向概括智慧文学要旨的 A。其意在表明：智慧文学的基本原则在最后应统率于"敬畏耶和华"（יראת יהוה，fear of YHWH）这一主题之下，体现了成熟、系统的神学思考。最终使它在被纳入圣经之后，成为非世俗的、耶和华化的神学智慧文学。

3. 希伯来怀疑主义

　　智慧文学的基本逻辑是经验观察、理性总结以及深刻反思，甚至不惜推翻自己的理论前提。在智慧文学中，《传道书》与《约伯记》对《箴言》建立的伦理原则进行否定性重思，常被称为"智慧危机"之书，是希伯来怀疑主义的代表作。

　　《传道书》与《约伯记》的基本出发点都在于意识到人神之间的差距，实际上人对终极意义是不可企及的。对于这样的生存处境，《约伯记》采取了一种挣扎的态度，无所畏惧地向这一现实发问，不屈于这样的生存安排。而《传道书》则采取了一种妥协的态度，冷静地接受这一现实。它不像约伯一样追问上帝为什么要以义人约伯为敌人，而是单纯地接受上帝的安排，如《传道书》3 章 18 至 19 节：

　　　　我心里说："这乃为世人的缘故，是神要试验他们，使他们觉得自己不过像兽一样。因为世人遭遇的，兽也遭遇，所遭遇的都是一样：这个怎样死，那个也怎样死，气息都是一样。人不能强于兽，都是虚空。"

　　他主张："你在神面前不可冒失开口，也不可心急发言。因为神在天上,你在地下,所以你的言语要寡少。"(传 5:2)在此意义上,《传道书》又可以说是《约伯记》的续集,如同约伯在激烈的情感宣泄之后坐在"尘土和炉灰"中的无奈叹息。

《约伯记》和《传道书》属于《希伯来圣经》的边缘书卷,包含了一些很独特的思想,例如:德福之间的断裂、生命虚空、不可知论、人皆有死等,与传统的耶和华信仰差别甚大。但因为它敢于怀疑智慧,甚至与上帝辩论,而且较易与其他宗教的经典文本进行比较研究,所以在现代较受人瞩目。

◇ 思考题

1. 试述《希伯来圣经》中"智慧"的含义,智慧文学主要关注哪些问题?

2. 智慧文学有着怎样的社会处境? 试述以色列智慧文学与西亚其他文化中的智慧文学之间的关系。

3. 《希伯来圣经》其他书卷是否受到智慧传统的影响? 试举例说明。

4. 智慧文学与天启文学有何相似之处?

5. 试述智慧文学与创造神学之间的关系。早期基督教是如何吸收智慧文学的资源来证明耶稣的身份呢?

📖 进深阅读

1. Albright,William F.,"Some Canaanite-Phoenician Sources of Hebrew Wisdom", *Vetus Testamentum Supplement* 3(1960)

2. Crenshaw,James, *Old Testament Wisdom*:*An Introduction*(Atlanta:John Knox Press,1981)

3. Crenshaw,James,"Method in Determining Wisdom Influence upon 'Historical' Literature", *Journal of Biblical Literature*,88(1969),129 – 142

4. Gammie,John G., *The Sage in Israel and the Ancient Near East*,ed. by Leo G. Perdue(Winona Lake,IN.:Eisenbrauns,1990)

5. Gordis,Robert, *Poets*,*Prophets*,*and Sages*(Bloomington:Indiana University Press,1971)

6. Lambert,W. G., *Babylonian Wisdom Literature*(Oxford:Clarendon Press,1960)

7. Murphy,Roland E., *The Tree of Life*:*an Exploration of Biblical Literature*(Garden City:Doubleday,1990)

8. Perdue,Leo G., *Wisdom in Revolt*:*Metaphorical Theology in the Book*

of Job（Sheffield：The Almond Press，1991）

9. Pope，Marvin H.，*Job*（Garden City，N. Y.，Doubleday，1973）

10. von Rad，G.，*The Problem of the Hexateuch and Other Essays*（New York：McGraw-Hill，1966）

11. von Rad，G.，*Wisdom in Israel*（London：SCM Press，1972）

12. Whybray，R. N.，*The Intellectual Tradition in the Old Testament*（Berlin：BZAW，1974）

13. Whybray，R. N.，*Wisdom in Proverbs*（Naperville，Ill，A. R. Allenson，1965）

14. 李炽昌：《传道书：中文圣经注释》，香港：基督教文艺出版社，1990 年

15. 游斌：《智慧文学：希伯来理性主义及其与启示传统的关系》，载《宗教学研究》2002 年第 2 期

16. 游斌：《智慧传统与希伯来圣经的成典》，载《犹太研究》（第七辑），济南：山东大学出版社，2009 年

第十二章
《诗篇》与"五小卷"

　　《希伯来圣经》另有两个特殊的单元:《诗篇》与
"五小卷"。按《希伯来圣经》的排列方式,它们都被
归于"圣卷"的大类之中。它们都与宗教的崇拜场景
密切相关,《诗篇》因其诗歌颂唱体裁而大量用于犹
太—基督教的崇拜仪式,在犹太教传统中,犹太人的
五个重要节日都以念诵"五小卷"为核心内容。《诗
篇》的神学意义也特别明显,被称为整部圣经信仰的
浓缩,路德说:"《诗篇》是一部小圣经,是一部完美的
教义问答手册。"

▼ 一 《诗篇》的基本内涵

　　传统上大卫被认为是《诗篇》的作者,但《诗篇》150 篇中只有73篇明确地被归于大卫。而希伯来文用来表示所有格的介词前缀ל,可能是指"献给某某",表明它可能是别人作歌献给大卫的,所以大卫作为实际作者的篇数可能更少。一些《诗篇》还被称为是所罗门所作,如 72 与 127 篇;或摩西所作,如 90 篇;另外一些则被归于那些在历代志史中曾经出现过的利未祭司名下,如可拉、亚萨、希幔、耶杜顿、以探等。这表明相当部分的《诗篇》应为后流放群体的作品。但后流放群体以大卫作为《诗篇》的作者,原因有三:一、大卫本人确实精通音乐;二、按历史传统,是大卫组织起圣殿的音乐与崇拜形式;三、在神学信念上,大卫被赋予"弥赛亚"的形象,是在崇拜时将以色列人带领到耶和华上帝面前的理想君王。所以,大卫当然地被认为是《诗篇》的作者。到了《新约》时代,基督教使徒们在引用《诗篇》的经文时,就直接称其为"大卫的话"。[1]

　　综观《诗篇》在整部《希伯来圣经》中的位置,需要提出这样一个问题:如果说以色列人认为律法书是上帝通过摩西对他们的生活方式做出的总则性训谕或命令,历史书是上帝通过历史来展示他与以色列人的关系,先知书是通过先知传言来启示上帝对以色列人的信仰、历史和社会生活的意志的话,那么《诗篇》的一般性意义是什么呢?

　　首先,《诗篇》是人对耶和华上帝的回应、赞美或祈求。它是

1　参《使徒行传》2:25,31,34。

人对上帝之威严、慈爱的赞美，或者是对耶和华的大能的祈求。按古代以色列宗教的理解，耶和华是神人关系的主动者和发动者，他创造世界，参与人类和以色列的历史，向先知们启示他的意志和本性，但是，人并不只是一个被动的接受者，机械地接受上帝的安排和摆布。对于上帝的行动，人是回应者。甚至在上帝的行动之前，人可以向上帝发出自己的意志，祈求某一事件的发生。因此，《诗篇》是人对上帝的意志和行动的回应。它预设了上帝的人格性，是人的最深层存在可以对话的"他者"。它预设了人作为发言者，上帝作为听讲者。因此，虽然圣经各书卷都强调人与上帝的互伴互随，但五经与先知书的基本主题是"神向人发言"，带有上帝启示的规范性；而《诗篇》的基本文学框架是"人向神发言"，将人最深层的存在体验、对耶和华上帝的经验抒发出来，强调的是人之情感的表达性。

其次，《诗篇》具有超越历史的普遍意义。不可否认，《诗篇》之歌都源起于人们在某个具体历史情境中对于耶和华的经验。在以色列人定居迦南、立王、建殿，乃至于巴比伦流放、回归耶路撒冷的历史经验中，以色列人赞美或者祈求耶和华，这是诗篇创作的基本动力。可以说，《诗篇》是以色列人在历史、自然和社会中经验上帝的浓缩。即使《诗篇》中的绝大多数都无法确定其历史处境，也不影响人们对《诗篇》的理解。因此，与律法书、历史书和先知书强调上帝是在历史时空中向以色列人启示自身不同，《诗篇》具有较强的超越历史的普遍意义。

最后，《诗篇》在神学上特别强调耶和华在崇拜中与以色列人的共在。如果说整部《希伯来圣经》都是强调耶和华与以色列人的立约关系,以色列人是一个圣约群体的话,那么不同的经卷单元对"什么是圣约群体"这一问题的解答却有着不同的侧重。对于律法书来说,上帝的立约共在的标志是律法,遵行律法规范的生活方式构成了圣约群体的本质;对于历史书来说,上帝在历史中的福或罚乃是上帝与以色列人的共在;对《诗篇》以及它所代表的祭祀传统而言,恰当的崇拜和祭祀方式、祭司群体和守圣日,乃是与上帝共在的方式。

◉二 《诗篇》的整体结构

正典形式的《诗篇》一定经历了漫长的编修整理过程,其最初源头已不可考,但它应该在公元前 5 世纪到前 2 世纪这一时期内基本定型。正典的《诗篇》可以粗略地分成几个部分,每个部分由一首颂歌结尾。这些结尾颂歌又由会众回应的"阿们! 阿们!"的固定表达来收尾。这首颂歌更像一个诗歌整体的结尾,而不只是那最后一首诗歌的结尾。这样,《诗篇》的整体结构就是:

1. 《诗篇》1 至 41 篇,41:13 为结尾颂歌
2. 《诗篇》42 至 72 篇,72:18 – 19 为结尾颂歌
3. 《诗篇》73 至 89 篇,89:52 为结尾颂歌
4. 《诗篇》90 至 106 篇,106:48 为结尾颂歌
5. 《诗篇》107 至 150 篇,105 首全部是《诗篇》的颂歌

《诗篇》72篇20节说："耶西的儿子大卫的祈祷完毕"。这表明在某个阶段，人们认为《诗篇》已经编完了。但在后来又围绕这个古老的集子加编了其他颂歌，即73至150篇，成为今天的正典《诗篇》。

在上述结构中，又有一些小的《诗篇》单元。首先，3至41篇与51至72篇是两个以"个人哀歌"为主要内容的单元，而42至50篇与73至83篇则是两个以"集体诗歌"为主要内容的单元。它们与前述个人哀歌集交叉放置。而从个人诗歌到集体诗歌的过渡篇则是第72篇，它通常又被称为"王室诗歌"，似乎起着将个人诗歌转为集体诗歌的作用。更明显的是，此后的84至89篇又是一个"王室诗歌"的单元。而再往上追溯，第一个个人哀歌集（即3至41篇）也在开始处被加上一个王室诗歌（即第2篇），从而与作为尾篇的89篇构成对应。这样，2与89篇的王室诗歌为3至88篇的歌集提供了一个总体框架。

其次，110至118篇是一个较特别的集子，可称之为"哈利路亚诗篇"，即"赞美耶和华"作为它的主旋律不断出现。跨过这个集子后，就到了119篇以律法为颂赞对象的"律法诗篇"，而这又与1篇的律法诗篇构成首尾呼应，形成一个以1与119篇为首尾的更大总体框架。

最后，接着的120至134篇又是一个较为独特的单元，即所谓的"朝圣诗歌"。但它的结尾诗篇即第135篇，又是一个"哈利路亚诗篇"。而最后一个单元，即所谓的大卫诗篇（138至145篇），也被一个"哈利路亚诗篇"的小单元（146至150篇）所结尾。这表明，2至118篇的大单元与120至136篇、138至150篇这两个小单元,乃被"哈利路亚"的主题串连起来。这样,整个《诗篇》直接地与其篇名即"赞美之歌"(תהלים)完全呼应,因为"哈利路亚"与"赞美之歌"都来自于"赞美"(הלל)这个动词的词根。

《诗篇》这样的整体结构说明:第一,正典《诗篇》不是一次编修而成的,它经过了不同阶段。不同阶段的以色列人对于向耶和华倾吐心志的"诗歌"在神人关系中的角色和地位有着不同的理解,这些不同的神学主题乃层层累积于《诗篇》的编修之中。第二,《诗篇》全篇的整体结构是"要赞美耶和华",反映了它作为第二圣殿崇拜群体的礼仪总集的特点。"赞美神"即"哈利路亚"成为统率全部诗歌作品的神学总纲。第三,王室诗篇也是它的一个重要主题,展现出强烈的弥赛亚期盼的色彩。它表明对上帝的颂赞不应仅仅指向过去、现在,还应该指向未来。

三 《诗篇》的基本文体

《诗篇》之希伯来文名为 תהלים,其词根 הלל 意为"颂赞"。它大部分采用诗歌形式,用在崇拜时的颂唱。它们多以节律形式写成,尤其多见希伯来诗歌的平行体,采用在语法上、意义上相同或相似的诗句进行文学表达,如 103 篇 10 节:

他没有按我们的罪过待我们,也没有照我们的罪孽报应我们。

它们在语法与语意上都是重复的。再如《诗篇》之开篇：

不从恶人的计谋，不站罪人的道路，不坐亵慢人的座位。

它们语序稍异，但语意相同，而且韵律整齐，是公认的平行体的代表。按这些诗句的意义关系，人们将其分为同义平行体、反义平行体或综合平行体；按诗句的结构形式又可分为交叉平行体、楼梯平行体等。《诗篇》另一种有趣的诗体是贯顶体，即连续诗行的起首字母按希伯来文的字母顺序开始。这是希伯来诗歌的一种特有形式，它既可帮助朗诵者记忆，也可使诗歌产生一种特殊的美学效果，在神学上表示全盘、全部、彻底的意涵，如《诗篇》25、34、37、111、112、119、145 篇，《哀歌》3 章等。所谓内括平行体（inclusio），是指一首诗的结尾与开头相呼应，形成一个独立的整体，如 136 篇。所谓交叉式平行体（chiastic），即采用 ABBA 或 ABCBA 的对应方式，如 1 篇 5 至 7 节就用"罪人—义人—义人—罪人"的交叉体。

《诗篇》最显著的诗歌特征是它用大量的明喻、暗喻或隐喻，如 23 篇称"耶和华是我的牧者"就是明喻；而在更多情况下则用象征性语言来表达诗人的处境或对耶和华的倚靠，如 69 篇 2 节："我陷在深淤泥中，没有立脚之地；我到了深水中，大水漫过我身。"

对于《诗篇》采取的诗歌形式，可细分为颂歌、哀歌与感恩之歌，虽然在具体的《诗篇》中，它们又是混合在一起的，如 19、33、129 篇等。以下分别简要分析。

1. 颂歌

最经典的颂歌可见于《出埃及记》15章21节女先知米利暗在红海岸边之歌。

你们要歌颂耶和华，

因他大大战胜，将马和骑马的投在海中。

虽然它很短小，但包含了颂歌的最基本结构，即召唤人们敬拜，并说明这样做的原因，其基本结构就是"（你）要歌颂……因为（耶和华）……"。原因主要有二类：耶和华之所是或之所为，与前者相应的常被称为描述性颂歌，与后者相应的常被称为宣告式颂歌。虽然单篇诗歌的具体情况总有差别，但《诗篇》中的颂歌都包含着这个由"歌颂—因为"组成的基本结构。它们常可分成以下几个部分：

A. 引言：召唤以色列人来颂赞。点出颂赞这一主题。

B. 主要部分：通常讲述为何颂赞的原因。一般由"因为"（כֹּי，for）来引导，颂赞的原因既可以是耶和华在历史中的作为，也可以是耶和华的创造，还可以是以色列人所经验到的耶和华的神性，如慈爱等。

C. 总结：再次回到主题：颂赞耶和华。

这一诗篇短小精悍,但包含典型颂歌的全部因素。

A. 引论:召唤人们颂赞。

> 万国啊,你们都当赞美耶和华!
>
> 万民哪,你们都当颂赞他!(1)

B. 主干:颂赞的原因。

> 因为他向我们大施慈爱,
>
> 耶和华的诚实存到永远。(2a)

C. 总结:再次召唤人们颂赞。

> 你们要赞美耶和华!(2b)

2. 哀歌

《诗篇》最常见的是"哀歌"(lament)。哀歌不同于殇歌(dirge),它是人处于某种艰难处境时向上帝发出的感叹和哀求。它盼望在上帝的介入之下,这种处境可以发生改变。而殇歌是对某种已经无可挽回的处境所发出的悲歌。所以,哀歌也是祈求之歌,发出哀叹并非歌者的目的,被上帝听见才是这些哀歌的真正目的。它们的本意是祈求,而非哀叹。哀歌也常被分为"个人哀歌"与"集体哀歌",其区别就在于"我"与"我们"的人称差异。前者是个体的生活经验,后者是以色列群体的历史经验。

简要地说,哀歌具有以下的基本结构:

A. 向上帝呼求。

B. 怨愤之诗,向耶和华表明自己的艰难处境,对个人来说,通常是疾病、追杀、自我内省之后对罪性的深刻意识;对群体来说,则是仇敌的压迫、自然灾害等。

C. 信心告白。表白诗人虽然处于艰难处境之中,但仍对耶和华有信心。

D. 祈求。通常情况下,诗人会采用祈使句式,要求上帝报复那些曾经施压的人。

E. 上帝垂听了诗人的祈求。

　　哀歌是对神人关系的幽暗、隐秘方面的揭示。如果说颂歌所展示的是神对人的护佑、人对神的赞美,从而表现的是神人之间的和谐关系的话,那么哀歌所展示的恰恰是神对人的离弃、人对神的怨愤,表现的是神人关系失衡之后的挣扎和缠结的状态。哀歌中的怨愤之诗将人的挣扎的强度再向上推了一步。在怨愤之诗中,耶和华或者被理解为消极的旁观者,对诗人的艰难处境不管不问;或者被理解为积极的作对者,直接指使那些敌人与诗人作对。在怨愤之诗中,耶和华传统的"救主"或"解救者"形象被诗人加以质问。而在群体哀歌中,则常对救恩史中的耶和华形象进行颠覆。

　　哀歌的神学意义在于:它表明在圣经信仰中,上帝始终是对话中的他者,在顺境中是人颂赞的对象,在逆境中则是人质问的对象。正是因为这一点,希伯来哀歌才没有沦为自怨自艾或者对敌人切齿怨恨的发泄之歌。一言概之,怨愤才使人直面上帝。

　　在《诗篇》中,哀歌又常与颂赞之歌紧密相连。哀歌后面常常接着颂赞之歌。前面的哀叹、怨愤、祈求，表示的是神人圣约关系的分离，在感情表达上是凄苦悲伤的，但在接着的赞歌中感情则转为激昂、高亢，以《诗篇》22 篇 19 至 23 节为例，哀歌与赞歌之间甚至毫无过渡：

> 耶和华啊，求你不要远离我！我的救主啊，求你快来帮助我！
> 求你救我的灵魂脱离刀剑，救我的生命脱离犬类，
> 救我脱离狮子的口；你已经应允我，使我脱离野牛的角。
> 我要将你的名传与我的弟兄，在会中我要赞美你！
> 你们敬畏耶和华的人要赞美他！

这样的哀歌主要运用于崇拜场景之中。歌者在会众面前哀伤祈求，最后由圣殿祭司或先知代神传言，发出"安慰之言"或者"拯救神谕"，表明耶和华已经垂听了诗人的祈求，并向他应许拯救。

哀歌构成了《诗篇》研究中很有意味的部分。就其表达神人关系的张力，并直面质问上帝这一特点而言，它与智慧文学、尤其是《约伯记》有相近之处；就其在凄苦处境中期盼上帝的救恩而言，则与先知传统密切相关。只对当下处境进行哀叹并非哀歌的全部，颂歌或赞美也常常构成哀歌的有机组成部分，例如《诗篇》9、10、44、89 篇就将哀歌与颂歌并置。而且哀歌将诉苦、怨愤的对象指向上帝，在神学上也表达了一个简单而有力的信念：只有诉诸于上帝，才能反对上帝。如果上帝是宇宙和历史的主宰，那他也应该为诗人的困苦负责；反过来说，要解决诗人的这些困苦，亦

只能求诸于上帝。诉苦本身就是一种亲密和信任的关系,《诗篇》歌者向上帝表达困苦时,正是在表白他的信念:只有上帝才有能力解决这些困苦。

3. 感恩之歌

在《诗篇》中,"感恩之歌"常常是哀歌的有机组成部分,出现在怨愤与祈求之歌之后,表达诗人对耶和华救恩的赞美。因此,对于是否把感恩之歌视为一个特定的诗体仍存在争议。威斯特曼(Claus Westermann)指出,"感恩"一词本身就是生搬硬抄的,因为在希伯来文中甚至没有与"谢谢"相对应的词,通常被译为"称谢"的 ירה,原意是"投、扔",而且从来不用在人与人之间,它的名词形式 תודה 则通常被译为"感谢",但它通常用于祭祀仪式之中,与祭物合起来使用即"感谢之祭";另一个与"谢"相关的词是 ברך(bless),其原意是"祝福或赞美"。因此,古代以色列人所强调的感恩则更全面与综合,表示"对他人之所施于我者的恰当回应"。也有学者主张,可以将"感恩之歌"并入"颂歌"的范畴。

感恩之歌的文体格式通常如下,典型诗歌可见《诗篇》116 篇:

A. 引言:呼唤人们赞美耶和华,并以"因为"(כי, for)句式给出原因。
B. 主体部分:叙述诗人曾经的困苦处境,以及耶和华对他的解救。
C. 结论:因耶和华的救恩而赞美他。

有学者认为,还可将感恩之歌再细分为个人感恩与集体感恩之歌,但事实上很难再作明确的区分。

四 《诗篇》的生活处境

《诗篇》中的诗歌来自怎样的生活处境？在怎样的社会情形下被使用？这涉及到对《诗篇》的社会学分析。按其生活处境的差异,人们将《诗篇》划分为几种不同类型:锡安诗篇、王室诗篇、登基诗篇、律法诗篇、智慧诗篇等,对应于不同的生活处境。

1. 锡安诗篇

以圣殿崇拜为背景的《诗篇》所颂赞的主题有两个:"一座城",即耶和华对锡安(耶路撒冷)的拣选,以之作为"神的居所";"一个人",即耶和华拣选大卫,由他的子孙世代为以色列人的君王。它们分别对应《诗篇》的两大类:锡安诗篇与王室诗篇。

"锡安诗篇"的名称有圣经自身的依据,如 137 篇 3 节就讲到流放之民被要求唱一首"锡安歌"(שִׁיר צִיּוֹן, Songs of Zion)。一般 46、48、76、84、87、122 篇可归为此类。它们的主题都是歌颂耶和华对耶路撒冷的锡安的拣选,以之作为上帝在地上的居所。

大卫王朝的建立和圣殿的修建,促成了古代以色列宗教的一个重要转向,即上帝的临在从时间转到了空间,从圣约转到了圣殿,从诫命转到了崇拜。一些新的神学观念也产生出来:神人沟通可以通过锡安圣殿来实现,在圣殿里的祷告可以被耶和华垂听；锡安圣殿乃是宇宙之君王在地上发布审判的地方；圣殿之建立是耶和华作为超越的宇宙主宰在地上建立统治的标志，也是人类据以得救的根据；圣殿标志了神与人的同在。

由于圣殿是崇拜的核心，歌颂圣殿的《诗篇》总是与崇拜仪式结合在一起，在特定的崇拜仪式中被运用，如 15、24、50、68、81、82、95、115、132 篇。15 篇 1 至 2 节就是人们进入圣殿时与祭司之间的启应诗：

启：耶和华啊，谁能寄居你的帐幕？谁能住在你的圣山？

应：就是行为正直，作事公义，心里说实话的人。

在 24 篇，则在 3 节与 4 至 6 节之间形成启应，之后 7 至 8 节和 9 至 10 节又分别形成两轮启应。50 篇的后半段也可用于圣殿崇拜时由祭司来唱颂。68 与 95 篇则与圣殿前的列队行进相关，其最终是在耶和华面前屈身敬拜（95：6），而 95 篇 7 至 11 节还可能是圣殿祭司所发出的仪文。115 篇也反映了这种启应，1 至 2 节是启，而 3 至 8 节是应。118 篇与 15 篇相似，是用于进入圣殿之门时的唱颂。132 篇则是重演大卫将约柜带到耶路撒冷的礼仪活动。

2. 王室诗篇

对大卫王朝的颂赞之诗通常称为"王室诗篇"，包括 2、18、20、21、45、72、89、101、110、132、144 篇 1 至 11 节。其中有对君王登基时的颂赞，如 2、72、110 篇；有关于战争顺或逆的颂赞与呼求，如 18、20、21、89、114 篇;有对王室婚礼的颂赞,如 45 篇;以及对君王以忠于耶和华、实行公义为治国方略的呼吁,如 101 篇等。

对王室诗篇的解读,有两个基本的角度。一个是从大卫王朝的政治神学的角度进行解读。大卫王朝的世俗治理被赋予神圣意义,君王被理解为将宇宙层面的秩序与公义带到人间的中介者,或者说是上帝对世界进行治理的人间代表。从政治神学的角度而言,虽然君王还未绝对化为神祇自身,但被称为"上帝所拣选的"或"生养的儿子"(2:7),王权的神性因素进一步被深化。

另一个解读角度则是弥赛亚式的,或者说是末世论的。"弥赛亚"一词是希伯来文 משיח 一词的音译,意为"受膏者"。它源于古代以色列对君王、祭司等进行确认的仪式。[1]但这一称号被理想化,放大为一个与耶和华如同父子一样的人物,一个实行耶和华意志、以公义和慈爱治理世界的人物。他将受上帝差遣降临人间,成为以色列人乃至全世界的君王。在以赛亚的预言中,弥赛亚就是一个"以马内利"(神与他同在)的人,一个名为"奇妙策士"、"全能的神"、"永在的父"、"和平的君"的人,一个"耶和华的灵必住在他身上……有智能和聪明的灵、谋略和能力的灵、知识和敬畏耶和华的灵"的人。[2]在犹大国于公元前 586 年灭亡后,基于王室神学的弥赛亚盼望便显得尤为突出,如耶利米预言,"名称为'耶和华我们的义',在地上施行公平与公义,聚拢流放之民将他们领回耶路撒冷"的人;以西结预言,耶和华必立"一牧人"照

1　具体场景可参《撒母耳记上》10:1;《列王纪上》1:39;《列王纪下》9:6。
2　分别见《以赛亚书》7:14,9:2 - 7,11:1 - 9。

管他的圣民,并与他们立平安的约。[1]后流放时期的先知哈该与撒迦利亚也都基于王室神学,发出弥赛亚式的先知传言,如《哈该书》2 章 20 至 23 节对回归之民的安慰;再如《撒迦利亚书》9 章 9 至 10 节,它与王室诗篇之 45 篇 4 节、72 篇 1 与 8 节的用词与句式几乎相同。

总之,王室诗篇可能起源于大卫王朝的政治神学,但它从先知传统中吸收了弥赛亚思想,逐渐具有了更深的未来盼望的意义。后流放群体在最后编修《诗篇》时,将这些王室诗篇加以编辑,使其弥赛亚末世盼望的色彩更加强烈。

3. 律法诗篇和智慧诗篇

上述两类诗篇,皆与圣殿崇拜相关,但《诗篇》还有一些没有明确的崇拜背景,即所谓"非崇拜性的"诗篇,如 1、14、37、73、91、112、119、128 篇等。那么,这些《诗篇》有什么共同主题呢?

它们的一个共同特点是强调人的理智能力,如反思、默想或教育等,其讨论的主题也是关乎人类日常生活,如义人与恶人的命运之别。它们与以《箴言》为代表的希伯来智慧文学在主题、方法与文体上类似,常被称为"智慧诗篇"。而在对智慧的看法中,这些《诗篇》又倾向于以"耶和华的律法"(תורת יהוה, teaching of YHWH)作为智慧的最高形式与源泉。例如,它们认为,义人与恶人的命运不同,是因为他们对耶和华律法的态度不同,故前者"所作的尽都顺利"(1:3),后者则"乃像糠秕被风吹散"(1:4)。故

---

1 参《耶利米书》23:5-6;《以西结书》34:24-31。

此,它们中的一部分又常被称为"律法诗篇",如 1、19、119 篇等。

　　这些《诗篇》运用在怎样的社会情境之中呢？第二圣殿犹太教的会堂制度可能是它的社会场所。虽然第二圣殿在耶路撒冷得以重建起来,但分散的会堂成为散布在巴勒斯坦和西亚各地犹太人的崇拜场所。会堂而不是圣殿成为犹太人日常宗教生活中心的一个直接后果就是:诵读和学习律法逐渐取代了祭祀活动,成为犹太人宗教生活的主要内容。119 篇就是这一转变的恰当反映。它是《诗篇》中最长的一首,所有诗节围绕的中心都是"耶和华的律法"。它的文学结构也很有意思,共有 22 节,每节 8 行。它采用希伯来诗体的贯顶体,22 节的首字母按希伯来 22 个字母排序,而且每节中的 8 行皆由同一个字母开始。这样的文体便于诵读,便于记忆和教育,其创作动机是为了方便会堂的经文诵读和讲解。

　　至于这些律法或智慧诗篇的思想背景,则与第二圣殿时期兴盛的以智慧文学为框架对圣经进行编修相关。在早期智慧文学如《箴言》当中,"耶和华的律法"并未被视为智慧的源泉,也未与自然、社会和伦理道德一起列为讨论的对象。一直到公元前 2 世纪的文献《便西拉智训》一书,才清楚地看到律法也被视为智慧的来源之一。也许在亚历山大东征之后,希腊文化的浪潮进入犹太人的宗教生活之中,在启示和历史神学传统之外,智慧与自然神学的因素亦抬头,带动了犹太人对圣经文献的整理与编修。以犹太会堂作为制度基础,智慧传统与第二圣殿的犹太教对律法研读的强调结合在一起,产生的成果之一就是《诗篇》中这些智慧(律法)诗篇的成典。

五 经典与节日:"五小卷"简论

圭经还有一个很独特的单元,即"五小卷",包括《路得记》、《哀歌》、《传道书》、《雅歌》和《以斯帖记》。按基督教《旧约》的编排方式,因其历史背景或主题内容,这五卷书被分散地放置在历史书、先知书与诗歌书中。按犹太教传统,它们被当做一个整体,放置在"圣卷"单元内。它们的共同特点,除了篇幅短小外,还都与犹太教的某个节日联系在一起,是节日时公众诵读的礼仪经文。在长期的诵经实践中,对这些经卷内涵的讲解也与节日的特定含义紧密结合,逐渐形成一些具有特殊内涵的神学解释传统。

1.《传道书》与住棚节

住棚节的节日起源最初与农业文明有着密切的关系。住棚节是在每年的9月到10月之中,是地中海东岸的雨季。然而,在解释住棚节的节日意义时,历史、宗教的维度逐渐取代了自然的维度。首先,希伯来宗教史上的重大事件:所罗门王建成圣殿,并举行仪式将殿献给耶和华,就是在住棚节这一节期。其次,这一节日与以色列人的诵经传统结合在一起。按犹太传统,律法书需要每七年诵读一次,而住棚节正是上一轮的诵读将要结束,新的诵读即将开始的时间。[1]最后,由于住棚节的特殊地位,圣经多处直接将它称为"耶和华的节期",如《利未记》23 章 39

---

1 参《申命记》31:9 - 13。

节与《士师记》21 章 19 节。在后流放时期，是否守住棚节与是否归服耶和华等同起来，守住棚节甚至成为外邦敬拜耶和华的一个标志。[1]

住棚节首先要在户外建造一个棚，通常做法是，在空旷地方临时搭一个帐棚，这个帐棚要有四面，但顶不能封死，其上盖只能用树枝盖住，这样住在帐棚里面的人就可以看见天空和星星。在住棚节期间，他们要准备四种东西，即美好树上的果子、棕树上的枝子、茂密树的枝条、河旁的柳枝，要欢庆七日。当然，其中一个重要内容是诵读《传道书》。

至于为何《传道书》会与住棚节发生联系，成为住棚节期间人们诵读的经卷，原因也许可以归纳为如下几条。首先，在《传道书》对人生意义进行反思时，曾讲到人生的意义莫过于"欢欢喜喜吃你的饭，心中快乐喝你的酒"，"同你所爱的妻，快活度日"，这样一个欢乐人生的看法与住棚节所言的"要欢乐七日"的主旨是相似的。其次，《传道书》对人生的看法与"棚"所传递的理念具有一定的相合之处。如《传道书》所言，人生短暂，生命脆弱，人生当中没有永恒的事物，一切都只是一种过渡；而住棚节期间所建造的棚也是短暂性的，非常脆弱。人生如草棚，人自身的力量总是脆弱渺小，不能过于相信人的能力，住棚节也以此种方式来提供一个反省人类自身的机会。这也与《传道书》的反思主题较为接近。

---

1 参《撒迦利亚书》14∶16 - 19。

2.《路得记》与七七节

七七节或称五旬节的最早名称是收割节,按《出埃及记》和《民数记》的规定,它是在开镰收割禾稼的第七个安息日,故称七七节或五旬节。

七七节最初的节日操作带有强烈的农牧社会背景。[1]但它的意义也发生了变迁,越来越多地与历史和宗教因素结合在一起。最显著之处在于:七七节被解释为以色列人从上帝那里得到律法的日子。按《出埃及记》,以色列人在逾越节出埃及,由此,逾越节所在的那个月即被称为希伯来历法的正月,是一年的开始。而七七节则是在三月,正是以色列人出埃及三个月后来到西奈旷野的日子。[2]因此,曾经只是作为开镰收割庄稼开始的小麦收割节,与以色列人在西奈接受上帝律法的日子重合在一起。七七节的意义发生了重大转变。律法成为以色列人丰收、得到上帝祝福的果实。在西奈之后,以色列人成为有独特身份的、拥有上帝启示的律法的"祭司的国度,圣洁的国民"。因此,七七节原来纪念的"上帝—麦子—人"的关系,转变为纪念"上帝—律法—人"的关系。西奈事件通过节日的形式进入以色列人的生活之中。

在七七节上朗诵《路得记》,成为以色列人的一个传统。原因可能有如下几点:首先,在《路得记》中出现了农作物收割的场景,与七七节的收割节渊源有直接关系。其次,《路得记》的主题与七

---

1 参《出埃及记》23:16;《利未记》23:15－22;《民数记》28:26－31。
2 参《出埃及记》19:1,"以色列人出埃及地以后,满了三个月的那一天,就来到西奈的旷野。"

七节所特别突出的律法传统有深刻关联。在《路得记》中,路得作为一个外邦人,通过对信仰和律法的认同而成为大卫之祖,一个"真以色列人"。再次,《路得记》所彰显的忠贞主题,如路得对拿俄米的忠诚,耶和华对拿俄米和路得的信实,也正是西奈律法的精神所在。最后,大卫王是将《路得记》与七七节联系起来的另一要素。据说大卫王是在七七节这一天出生的,而《路得记》最后附有"大卫家谱",直指大卫的出生,两者似乎有某种先天的联系。

3. 《雅歌》与逾越节

无疑,逾越节是犹太人最重要的节日,它的另一个名称是除酵节。[1]它也许源于游牧生活,即游牧民族常常逐水草而居,气候变化时,要匆忙迁徙,甚至不能等到面团发酵就要出发,因此有除酵节以纪念此类生活方式。但是,它后来成为一个完全历史化的节日,即以色列人在这一天逃出埃及,成为自由之民。逾越节甚至可称为以色列历史的真正开始。

在逾越节上,朗诵《雅歌》亦成为传统的一部分。但对于《雅歌》与逾越节有何内在关系,难知究竟。其可能原因是:《雅歌》中所刻画的人间的男女之爱,是理解体现在逾越节中的上帝对以色列人的爱的恰当入口。人之爱的微妙、缠绵,被用来类比上帝对以色列人的爱。

---

[1] 在两约时代,人们更经常地以除酵节作为它的名称。见《路加福音》22∶1,"除酵节,又名逾越节,近了。"

4.《哀歌》与圣殿节

圣殿节是在犹太历法的第 5 个月(即亚笔月)的第九天,约在公历的 7、8 月份之间。在犹太人的 5 个大节日中,只有这个节日是哀伤性的,因为它纪念的是耶路撒冷圣殿被毁的日子。在圣经的不同篇章,耶路撒冷圣殿被毁的具体日子有所出入。[1]

圣殿节对犹太人来讲是一个苦难的日子,也许从散居于巴比伦帝国时代起,他们就开始以节日的形式纪念这一天。如《撒迦利亚书》7 章 5 节所暗示的,他们在巴比伦帝国流放时期的每年 5 月都有哭泣斋戒,也许就是对圣殿被毁的纪念。但是,由于这一节日的哀伤性质,犹太人逐渐把自己民族历史上的所有重大苦难记忆都重叠在这一天,使这一节日的纪念对象超越了圣殿被毁这一事件,而成为整个民族史苦难记忆的浓缩。

在这一节日上,人们所能朗诵经文的选择有限,只能诵读《哀歌》、《约伯记》、《利未记》中一些关于咒诅的片断,而不能诵读律法书。因为,按犹太人的宗教理念,律法书是欢快之书,是上帝对以色列人的拣选和拯救,是立约之书,与圣殿节的哀伤气氛是不相融的。

5.《以斯帖记》与普珥节

据说,当拉比们决定哪些书卷可以归入到圣经时,只是因为《以斯帖记》中记载了犹太人节日——普珥节的来历,它才逃过了

1　参《列王纪下》25:8;《耶利米书》52:12。

被删除这一劫。然而,学者们却怀疑以斯帖故事与普珥节的真正关系,因为在《以斯帖记》中,关于普珥节来历的记载篇幅既小,漏洞又多,让人更容易相信它是后人叠加的结果。[1]

欢庆普珥节的习俗有三个主要方面:

以这月的两日为犹大人脱离仇敌得平安、转忧为喜、转悲为乐的吉日。(9:22a)

在这两日设筵欢乐,彼此馈送礼物,周济穷人。(9:22b)

劝他们按时守这普珥日,禁食呼求。(9:31)

这三个习俗都与以斯帖故事有一定的关系。其中转忧为喜、转悲为乐,对应的是与敌人哈曼的争战由败转胜的历程。而馈送礼物是对希该善待以斯帖的回应。禁食呼求,则指以斯帖在故事的关键时候三天禁食。在普珥节进行欢筵的主题,也是与《以斯帖记》中一直贯穿着的宴乐主题相一致的。

按《以斯帖记》,普珥节最早只是属于书珊的犹太社群的节日,只是地区性的,后来末底改以波斯国首相的身份,再加上以斯帖的皇后身份,写了两封信,要求其他地区的犹太人也遵守这个节日。这表明一种倾向,即犹太人在律法书之外发展出新的节日,是为了尽量缩小散居社群与耶路撒冷犹大本土社群之间在崇拜礼仪上的差距,而尽量扩大身份认同上的一致。由于对宗教传统的不同理解,散居社群与耶路撒冷社群之间的差异性也不断扩

---

1 在《马加比二书》中,只提到用《以斯帖记》中另一主角末底改命名的"末底改日"。

大，在这种情形之下，普珥节这样一个游离于祭司系统之外，没有被加以神学解释，却又曾与民族命运息息相关的节日，对于弥补这两个社群之间的差异，在更大的范围内建构一个民族共同体应该有极大的帮助。

总之，节日与经典的结合为圣经研究提供了一个新的视角。由于经典在节日上的诵读总是公共性的，是由信仰群体来诵念的，因此，对圣经的研究就必须注意经典与社群的互动。一方面，经典在社群面前的诵念，乃将经典中的历史经验（wasness）传递为信仰群体的当下经验（isness），使之成为社群的集体记忆。任何经典最初都是由某个历史时代的一个人或一群人写成的，但通过在节日仪式上的诵读，个人或较小群体的经验被整个群体所接受，成为集体的记忆。另一方面，人们在节日上诵读经典，不只是为了保存过去，更多还是为了应对现在与塑造未来。在对节日进行解释时，甚至可以发展出一些具有普遍意义的伦理原则。例如，普珥节"周济穷人"的习俗之一，与以斯帖故事就无甚关系。但它对于当下社会来讲，就具有关怀社会弱势群体、保持社会整合的价值取向功能。

1. 《诗篇》的基本含义是什么？与其他圣经单元相比，它的神学内涵有何特殊之处？

2. 试析《诗篇》的整体结构，《诗篇》中存在这样的结构说明了什么？

3. 试述《诗篇》采用的几种主要文体，并试对这些文体后面所包含的神学内涵进行分析。

4. 《诗篇》创作来自怎样的社会和生活处境？

5. 试述《诗篇》中的律法诗篇与智慧诗篇，它们的结合表明在圣经成典的晚期以色列宗教有着怎样的思想走向？

6. 试以"五小卷"中的某一部为例，分析经典诵读与节日庆祝相结合的意义所在。

📖 进深阅读

1. Broyles，Craig C.，*The Conflict of Faith and Experience in the Psalms*：*A Form-Critical and Theological Study*（Sheffield：JSOT Press，1989）

2. Chilton，Bruce，*Redeeming Time*：*The Wisdom of Ancient Jewish and Christian Festal Calendars*（Peabody，Mass.：Hendrickson Publishers，2002）

3. Clements，R. E.，*God and Temple*（Philadelphia：Fortress，1965）

4. Eaton，John H.，*Kingship and The Psalms*，2nd ed.（Sheffield：JSOT Press，1986）

5. Gunkel，Hermann，*The Psalms*：*A Form Critical Introduction*，trans. by Thomas Horner（Philadelphia：Fortress，1967）

6. Levine，Herbert J.，*Sing Unto God A New Song*：*A Contemporary Reading of the Psalms*（Indianapolis：Indiana University Press，1995）

7. Morgan，Donn F.，*Between Text and Community*：*the "Writings" in*

Canonical Interpretation (Minneapolis: Fortress Press, 1990)

8. Mowinckel, Sigmund, *The Psalms in Israel's Worship*, trans. by D. Ap-Thomas (New York: Abingdon, 1962)

9. Rowley, H. H., *Worship in Ancient Israel: Its Forms and Meaning* (Philadelphia: Fortress, 1967)

10. Tournay, Raymond Jacques, *Seeing and Hearing God with the Psalms: The Prophetic Liturgy of the Second Temple in Jerusalem* (Sheffield: JSOT Press)

11. Vera, Schwartz, *Bridge Across Broken Time: Chinese and Jewish Cultural Memory* (New Haven: Yale University Press, 1998)

12. Westermann, Claus, *Praise and Lament in the Psalms*, trans. by K. Crim & R. Soulen (Atlanta: John Knox Press, 1981)

13. 李炽昌、游斌:《生命言说与社群身份:希伯来圣经五小卷研究》,北京:中国社会科学出版社,2006 年

后记

在出版了《希伯来圣经的文本、历史与思想世界》(2007 年)和《圣书与圣民：古代以色列的历史记忆与族群建构》(2011 年)两本书之后，我觉得应该以更简易、更灵活的形式来介绍《希伯来圣经》这部迷人却又深奥的经典。因此，这本导论书既延续了前两本书的研究成果，又在形式上做了一些新的安排，加上了诸如小知识、名词解释等内容，同时为了读者自学方便，在每一章的结尾加上了思考题和参考书目等内容。希望它们能够有助于读者更清晰地掌握《希伯来圣经》中的深厚内容。

这本书的出版，是在香港汉语基督教文化研究所杨熙楠、林子淳两位先生的督促之下完成的，对他们致以深深的谢意。与李炽昌教授关于希伯来精神以及圣经研究方法的探讨，一直推动着我对《希伯来圣经》进行更加深入的理解。在本书完成后，郭白歌、许志言两位同学帮忙校读书稿。邱红编辑的严谨工作，使本书增色不少。在此一并致谢。

游斌

2014 年 7 月

图书在版编目(CIP)数据

希伯来圣经导论/游斌著.—上海:上海三联书店,2015.3
(2024.11 重印)
"希伯来圣经教科书"系列/汉语基督教文化研究所策划
张庆熊,杨熙楠主编
ISBN 978 - 7 - 5426 - 4509 - 8

Ⅰ.①希… Ⅱ.①游… Ⅲ.①圣经-教科书 Ⅳ.B971

中国版本图书馆 CIP 数据核字(2014)第 007243 号

希伯来圣经导论

著　　者 / 游　斌

责任编辑 / 邱　红
特约编辑 / 郑丽春
整体设计 / 周周设计局
监　　制 / 姚　军
责任校对 / 张大伟

出版发行 / 上海三联书店
　　　　　　(200041)中国上海市静安区威海路 755 号 30 楼
邮　　箱 / sdxsanlian@sina.com
联系电话 / 编辑部: 021 - 22895517
　　　　　　发行部: 021 - 22895559
印　　刷 / 上海惠敦印务科技有限公司

版　　次 / 2015 年 3 月第 1 版
印　　次 / 2024 年 11 月第 3 次印刷
开　　本 / 890mm × 1240mm　1/32
字　　数 / 200 千字
印　　张 / 9.875
书　　号 / ISBN 978 - 7 - 5426 - 4509 - 8/B·321
定　　价 / 38.00 元

敬启读者,如发现本书有印装质量问题,请与印刷厂联系 13917066329